POR UMA ECONOMIA SOLIDÁRIA

CLAUDE BÉLAND

POR UMA ECONOMIA SOLIDÁRIA

Tradução:
Constância Maria Egrejas Morel

Edições Loyola

Dados Internacionais de Catalogação na Publicação (CIP)
(Câmara Brasileira do Livro, SP, Brasil)

Béland, Claude
Por uma economia solidária / Claude Béland ; tradução Constância Maria Egrejas Morel. -- São Paulo : Edições Loyola, 2013.

Título original: Plaidoyer pour une économie solidaire.
ISBN 978-85-15-04054-4

1. Capitalismo 2. Economia 3. Globalização 4. Sociologia I. Título.

13-09181 CDD-306.2

Índices para catálogo sistemático:
1. Sociologia política 306.2

Preparação: Maurício Balthazar Leal
Capa: Walter Nabas
KonstantinosKokkinis / ©PhotoXpress
Diagramação: So Wai Tam
Revisão: Lourdes Ostan

Edições Loyola Jesuítas
Rua 1822, 341 – Ipiranga
04216-000 São Paulo, SP
T 55 11 3385 8500
F 55 11 2063 4275
editorial@loyola.com.br
vendas@loyola.com.br
www.loyola.com.br

ISBN 978-85-15-04054-4

Sumário

Introdução

Há uma estranha desigualdade entre
as ciências da matéria inerte e as dos seres vivos.
Alexis Carrel

É justificável o espanto em constatar um leigo — ou um advogado transformado em administrador — colocando no papel suas reflexões sobre a recente aceleração da globalização e seus efeitos sobre a conduta dos indivíduos. Portanto, apresso-me em legitimar minha conduta. Fiz carreira no mundo das cooperativas e da economia social, um fértil lugar para observar a evolução dos valores morais e a ética dos indivíduos. Um lugar impregnado de valores preponderantes, pertinentes aos valores de minha infância e de minha juventude. No entanto, observei ao longo das últimas décadas importantes mudanças movidas por um mundo em vias de globalização.

O bem e o mal, o justo e o injusto, o belo e o feio, o legítimo ou o ilegítimo eram anteriormente mais bem definidos, a meu ver. Individualmente não estávamos abandonados a nós mesmos: estávamos "religados" uns aos outros por um conjunto de valores: respeito à vida, amor a Deus encarnado no amor ou no respeito ao próximo, dedicação a serviço do bem comum, responsabilidade a respeito de si próprio e dos outros etc. E quando digo "nós", estou me referindo a um grande número de pessoas, para não dizer a maioria dos grupos sociais. Daí a palavra "religião", do latim *religare*[1].

1. *Religare*: ligar; no sentido original: ligar-se com a divindade (*Le Robert*. Dictionnaire étymologique du français).

Uma reunião dominical nos unia nesse meio comunitário que é a igreja paroquial, onde celebrávamos — e onde muitos ainda celebram — todos os momentos importantes de nossas vidas: nascimento, batismo, crisma, casamento e... funeral! Resultavam daí uma solidariedade e certa coesão social. Havia uma grande participação nas atividades eclesiais: missa todos os domingos nas igrejas "repletas de gente", respeito pelas festas religiosas, procissões de Corpus Christi; os valores cristãos acompanhavam nossas vidas e nutriam uma ética do bem-estar comum. A regra fundamental era facilmente compreendida e mesmo vivida: *Amai-vos uns aos outros*! Essas referências eram compartilhadas por diversas instituições: a família, os ambientes de ensino, a mídia, o Estado, todos, do ponto de vista dos valores, falavam a mesma linguagem, com a mesma certeza e a mesma confiança. A maioria dos cidadãos reconhecia a Igreja como a guardiã desses valores. Em cada paróquia os fiéis se confiavam ao pároco ou aos vigários, que lhes mostravam a conduta a ser seguida. Os valores religiosos eram dominantes.

Na verdade, essa sociedade não era perfeita e os mandamentos religiosos não respondiam necessariamente a todos os problemas éticos de uma vida comum em plena evolução. Mas no plano civil esse consenso se encarnava na vontade amplamente compartilhada de estabelecer e de manter uma sociedade onde todos teriam um lugar e um papel a ser desempenhado para que todos pudessem viver com dignidade.

Como exemplo, cito meu pai, que era comerciante, para quem a maior glória era proporcionar uma boa vida a sua família, mas também participar concretamente do bem-estar da coletividade onde vivíamos, particularmente criando emprego, o que permitia o crescimento de sua região, da qual se orgulhava. Ele gostava de dizer que tinha "contratado uma família" ao se referir ao pai de família que acabara de admitir. A rentabilidade de seu comércio era, naturalmente, importante, mas não a ponto de ser considerada uma estratégia de *exploração de seus clientes*. O que o deixaria infeliz, tenho certeza. Proporcionar a vida a outra família graças ao emprego era uma de suas maiores motivações. Pelo menos era sobre isso que ele falava à mesa durante nossos jantares.

Os valores mudaram

Se falo no passado é porque certos valores mudaram. A evolução espetacular das ciências teóricas abalou as velhas certezas. O incremento das novas tecnologias e dos meios de comunicação proporcionou ampla difusão de uma maior liberdade individual e mesmo de certa "liberação". Na virada da década de 1970, os grandes cantores quebequenses anunciavam "o início de um novo tempo". "A terra está no ano zero", escrevia Stéphane Venne em 1970[2], "a metade das pessoas não têm trinta anos, as mulheres praticam o amor livre, os homens quase não trabalham mais, a felicidade é a única virtude". Essa mensagem é apenas uma entre muitas outras. De fato, essas afirmações eram apenas ecos de um conjunto de mensagens, às vezes subliminares, da chamada "modernidade". Essa modernidade preconizava o rompimento com todas as restrições, principalmente as ditadas pela religião, para que todos aproveitassem plenamente os prazeres da vida. Essas mensagens se inseriram gradualmente no imaginário popular, ainda mais que cada uma dessas novas reviravoltas representava a conquista de uma nova liberdade, particularmente para as mulheres, marginalizadas durante muito tempo pelos dogmas da Igreja e pelas leis. Elas almejavam a igualdade com os homens. Essas mensagens penetraram igualmente nas escolas e nos colégios e influenciaram o ensino. Elas provocaram certa ruptura entre os valores propostos pela família e os propostos pela escola. Lembro-me do dia em que meu filho de 14 anos comunicou-me que não iria mais às missas dominicais, pois seu professor o havia convencido de que essa decisão pertencia a ele e não a seus pais.

A partir dos anos 1970 assistimos a uma mutação dos valores individuais e coletivos. Como afirma Claude Ryan[3] em seu testamento espiritual, a nova cultura marginalizou aos poucos a herança religiosa, e desde então em Quebec o ensino, a mídia, os grupos de pressão, as obras literárias e as canções refletem essa realidade. Segundo uma pesquisa realizada em

---

2. Essas palavras são extraídas da canção "O início de um novo tempo".

3. Claude RYAN, *Mon testament spirituel*, Ottawa, Novalis, 2004, p. 192.

Quebec em 1990[4], apenas 47% dos entrevistados aprovavam as opiniões do papa, enquanto anteriormente sua infalibilidade nunca havia sido posta em dúvida, ao meu conhecimento. As mídias nunca haviam ousado — senão teriam magoado a maioria da população — criticar as decisões do papa ou zombar de sua personalidade. O respeito às autoridades era, aliás, um valor indiscutível, o que não é mais o caso hoje em dia. Basta ler os artigos que aparecem na mídia para perceber isso.

Essas mudanças abonam uma liberação dos costumes, a ruptura das famílias, a divisão entre o poder político, o poder econômico e o poder da sociedade civil, assim como a divisão entre a Igreja e o Estado. A interpretação da vida se reduz a uma visão a curto prazo, a visão do futuro e da eternidade se retrai a ponto de renunciar à perpetuação da vida na dos filhos futuros. Inquietos com o futuro, os adultos nascidos entre 1966 e 1976 — a geração X — e os nascidos entre 1976 e 1986 — a geração Y — escolheram de preferência a união livre e rejeitam compromissos a longo prazo, preferindo aproveitar o presente. Eles têm poucos filhos. A população, em geral, procura novas referências: segundo algumas pesquisas, 39% dos entrevistados acreditam na astrologia e nos extraterrestres, enquanto apenas 30% acreditam no paraíso celeste. Em compensação, 77% acreditam na reencarnação.

Essa liberação de costumes influencia igualmente o mundo dos negócios. O mundo econômico exige mais liberdade e uma maior independência. Encerradas cada uma em seu setor de atividades, as instituições e empresas se apoiam em suas próprias éticas, o que torna mais difícil a manutenção de certa coesão social, assim como uma definição clara do bem e do mal. Como avaliar, por exemplo, o que os empresários, cientistas, políticos, profissionais, pais e mães de família, os indivíduos podem ou não podem fazer segundo as normas sociais aceitáveis, sem uma ética filosófica fundamental que permita designar o que é tolerável para a totalidade da coletividade, sobretudo na ausência de uma autoridade reconhecida pela

4. Jean-Marc LÉGER, Marcel LÉGER, *Le Québec en question*, Montréal, Quebecor, 1990.

maioria? Na ausência de uma autoridade ética global que dirija a conduta humana, assistimos à proliferação de éticas setoriais: ética da democracia, ética da ciência e da técnica, ética dos negócios, bioética, ética do meio ambiente, ética da política etc. Desse modo, os problemas morais ficam relegados sobretudo a questões ético-técnicas, sem referência às normas garantidoras das regras de conduta do conjunto das atividades humanas. É possível objetar a isso que a Carta dos Direitos e Liberdades da Pessoa, tanto canadense quanto quebequense, estabelece princípios fundamentais dirigidos a toda a população, mas tais cartas não resolvem tudo. Por exemplo, quando se trata de uma ética de igualdade ou de solidariedade ou de igualdade de oportunidades, satisfazemo-nos com uma igualdade dos direitos, embora obviamente essa igualdade se dissolva na realidade diante da força de certos poderes, particularmente o do capital ou o da política.

No que diz respeito à sociedade civil, representada por diversas ordens profissionais ou associações de cidadãos, ela adota códigos de ética ou de deontologia. Na falta de uma "ética fundamental", é necessária uma ética decretada por leis ou códigos. Um exemplo: no Movimento Desjardins, nos anos 1970, não existia código de ética ou de deontologia. A "cultura" Desjardins, a razão de ser da organização, os discursos do fundador Alphonse Desjardins e os valores religiosos bastavam. Sabia-se instintivamente o que era bom e o que não era. Ao longo dos anos 1990, na sociedade em geral, assiste-se a uma mudança. A partir daí admite-se que, em muitos aspectos, tudo é permitido, exceto o que é expressamente proibido por lei ou por regulamento. Mesmo a lei que rege os bancos populares é alterada para a inclusão da criação de uma comissão encarregada de supervisionar a deontologia na rede.

Antes da Revolução tranquila[5], os Mandamentos de Deus e da Igreja eram considerados normas morais universais: *Não matarás, não cometerás o adultério, respeitarás teu próximo, não furtarás e não cobiçarás o bem alheio*... Não havia necessidade de adaptar essas normas sociais aos dife-

5. Período de mudanças vivido pelo Quebec entre 1960 e 1966. (N. da T.)

rentes setores de atividades da sociedade: elas as influenciavam em todos os aspectos da vida diária.

Seguindo o ritmo do desenvolvimento das ciências e da aceleração dos conhecimentos, essas normas universais, anteriormente quase certezas, foram sendo pouco a pouco colocadas em dúvida. Agora, elas são objeto de negociações ou de debates. *Não matarás* continua a ser reconhecido como um valor, porém submetido a ressalvas em relação a certos questionamentos, como os do aborto e da eutanásia. Logo, é necessário legiferar ou questionar o direito de permitir a morte ou o suicídio em determinadas circunstâncias.

Não cometerás adultério é hoje em dia menos uma regra moral universal do que uma regra de conduta pessoal. O ex-primeiro ministro canadense, Pierre-Elliott Trudeau, já não disse que o "Estado não tinha de se intrometer no que acontecia entre as quatro paredes dos quartos dos cidadãos e cidadãs"? Em Quebec, em 1990, as leis relativas ao adultério foram modificadas. Contrariamente às antigas disposições do Código Civil, o adultério não aparece como um motivo indiscutível para justificar a separação de um casal. Quando fiz meu curso de direito, o Código Civil estipulava, em dois artigos distintos: *O marido pode pedir a separação de corpos em caso de adultério*. Em 1954, outro artigo foi acrescentado: *A esposa pode pedir a separação de corpos em caso de adultério.* No entanto, a partir de 1990 a separação de corpos é decretada não mais automaticamente em caso de adultério, mas "quando a vontade de vida em comum não mais existe". O depoimento de um dos dois cônjuges sobre o conjunto de fatos que impossibilitam a vida em comum basta para obter a separação. Na verdade, essas modificações confirmam as novas tendências segundo as quais todos são livres para viver segundo seus valores[6] e fazer o que lhes convém a curto prazo.

---

6. No livro *Le Québec en question* (citado na nota 4) foi revelado que em 1990 19,7% dos homens e 9,5% das mulheres admitiram ter tido relações extraconjugais. Outra pesquisa demonstra que 81,8% dos interrogados de 18 a 24 anos desapro-

Não furtarás e não cobiçarás o bem alheio: aqui também o limite da exploração de uns pelos outros graças ao poder econômico, assim como o limite da cobiça dos bens alheios são objeto de numerosos debates de que trataremos nas páginas seguintes. Abordaremos igualmente a questão da redistribuição da riqueza e a da igualdade de oportunidades para todos.

A natureza humana

Essa evolução das regras relativas à conduta dos seres humanos, tão facilmente influenciadas pelas novas correntes das quais não soubemos avaliar as consequências, leva-nos a uma questão fundamental, a da natureza humana.

De fato, o ser humano consegue, de maneira brilhante, penetrar em certos mistérios do desenvolvimento da matéria. Mas no que diz respeito ao seu próprio conhecimento e às condições de vida mais apropriadas para toda a humanidade, ao projeto de viver melhor com os outros e em harmonia com sua verdadeira natureza, ele não consegue. Ao contrário, chegamos a nos indagar se a civilização moderna é compatível com a natureza do ser humano. Essa questão já foi levantada há muitas décadas por filósofos e cientistas. Em 1935, ainda quando a liberdade era considerada como reconhecimento de valores morais largamente compartilhados, Alexis Carrel, cientista francês que passou grande parte de sua vida dentro de laboratórios estudando os seres vivos, escreveu o texto que se segue:

> Em todos os tempos, entre os bilhões de pessoas que passaram sobre a terra, alguns nasceram dotados de raros e maravilhosos poderes, de intuição das coisas desconhecidas, de imaginação criativa e da faculdade de descobrir as relações escondidas que existem entre os fenômenos. Essas pessoas vasculharam o mundo material. Esse possui uma constituição simples. Assim, ele se rendeu rapidamente ao ataque dos cientistas e expôs algumas de suas leis. E o conhecimento

vavam as relações sexuais extraconjugais, assim como 68,8% da população com 24 anos ou mais.

> dessas leis nos deu o poder de explorar em nosso benefício a matéria. As aplicações práticas das descobertas científicas são muitas vezes lucrativas para aqueles que as desenvolvem e agradáveis ao público a quem elas facilitam a existência e aumentam o conforto. Naturalmente, todo mundo se interessa muito mais pelas invenções que tornam o trabalho menos penoso, aceleram a rapidez das comunicações e atenuam a rudeza da vida do que às descobertas que trazem alguma luz aos problemas tão difíceis da constituição de nosso corpo e de nossa consciência[7].

Para Alexis Carrel, essa conquista do mundo material, para qual a atenção dos homens está constantemente voltada, provoca o esquecimento quase completo da existência do mundo orgânico e espiritual. Depois de deplorar esse desinteresse do ser humano por sua própria natureza, ele acrescenta:

> Houve outra razão para a lentidão do progresso do conhecimento de nós mesmos. É a própria estrutura de nossa inteligência que aprecia a contemplação das coisas simples. Temos uma espécie de repugnância a abordar o estudo tão complexo dos seres vivos, do homem[8].

Ele julga severamente os seres humanos que não souberam organizar este mundo, que portanto foi feito para eles, unicamente porque não possuíam um conhecimento positivo da própria natureza. Ele conclui afirmando que o homem deve ser a medida de tudo, e não um estrangeiro no mundo que ele criou.

> O enorme progresso constatado pelas ciências das coisas inanimadas sobre aquelas dos seres vivos é um dos acontecimentos mais trágicos da história da humanidade. O ambiente construído por nossa inteligência e nossas invenções não é adaptado nem ao nosso tamanho, nem à nossa forma. Ele não nos convém. Somos infelizes nele. Há uma degeneração moral e mental. Em face dos triunfos da inteligência

---

7. Alexis Carrel, *L'homme cet inconnu*, Paris, Plon, 1935, p. 8 [ed. port.: *O homem, esse desconhecido*, Europa-América, 2002].

8. Ibid., p. 9.

> que nos trazem a riqueza e o conforto, os valores morais diminuíram naturalmente. [...] O que importa unicamente é o conhecimento das leis naturais e o poder que esse conhecimento nos propicia sobre os seres vivos [...] Devemos moldar o meio econômico e social ao homem. E não o homem ao meio[9].

Segundo Carrel, a ciência não seguiu nenhum plano. Ela se desenvolveu ao acaso do nascimento de alguns homens geniais e pelo caminho traçado pela curiosidade deles. De invenção em invenção, a humanidade fez escolhas que não foram absolutamente pautadas por algum interesse superior. Ela seguiu a inclinação de suas tendências naturais, de uma maior comodidade e de menor esforço.

Em outras palavras, a natureza instintiva do ser humano se sobrepôs à sua natureza de animal racional. Alexis Carrel anuncia mesmo uma eventual transformação da moralidade. Portanto, essa transformação ocorreu realmente, sob o impacto do chamado *Le basculement du monde*[10] (*A instabilidade do mundo*) e sob a influência de uma espetacular evolução das ciências. O século XX afirmou-se como o mais profícuo da história mundial no plano das descobertas relativas à matéria e das invenções propiciadoras de segurança e conforto.

Poderíamos reescrever essas linhas do livro de Alexis Carrel, porém enfatizando uma diferença: a liberdade dos anos 1930 continuava enquadrada em certa ética e em valores morais geralmente tidos como válidos, ao contrário da ética dos anos 1960 na Europa e da de Quebec, um pouco mais tarde. Na verdade, o filósofo francês André Comte-Sponville, ao falar de sua geração e referindo-se aos anos 1960, escreveu em 2004:

> Há trinta, trinta e cinco anos, aqueles que viveram essa época se recordarão, nos preocupávamos muito pouco com a moral. A moda, nessa época, era preferencialmente o imoralismo, a liberação por todo lado. Os mais filosóficos entre nós se prevaleciam de Nietzsche: queríamos viver acima do bem e do mal. Quanto aos que não eram

9. Ibid., p. 378.
10. Michel BEAUD, *Le basculement du monde*, Paris, La Découverte, 2000.

> filósofos, esses se contentavam em pichar no muro de suas faculdades — ou em ler, mas quase sempre com consentimento — os belos *slogans* da época. Vocês se recordarão: "É proibido proibir", ou então: "Vivamos intensamente, aproveitemos desenfreadamente". Como era bonito e como seria bom se fosse possível! Levamos uns vinte anos para compreender que não era[11].

Esses depoimentos de duas épocas da vida francesa (1935 e 1960) apresentam as mesmas conclusões: o ser humano não se pode ater unicamente à procura de segurança, conforto ou ainda de uma liberdade quase ilimitada, ou a uma busca de prazeres diversos, colocando assim de lado sua natureza de animal racional. Em outras palavras, a inteligência humana não pode apenas servir ao poder econômico e à exploração dos indivíduos.

Curiosamente, mesmo nos países democráticos, os líderes políticos seguem os mesmos caminhos que os líderes econômicos e, na busca pelo poder, eles se dirigem menos à racionalidade dos eleitores do que aos seus instintos. Durante as eleições eles tentam impressionar mais do que explicar. Quando chegam ao poder, antes de mais nada querem agradar todo mundo e não temem cometer algumas incoerências. Por exemplo, em nome da razão, eles condenam o homicídio, mas autorizam a venda de armas de fogo cada vez mais sofisticadas. Em nome da razão, eles proíbem o excesso de velocidade nas estradas, porém não limitam a produção de automóveis que rodam a mais de duzentos quilômetros por hora. Cúmulo da ironia, eles convidam o cidadão a jogar na loteria dando-lhe a miragem de felicidade total, enquanto, na verdade, se trata de enriquecer o Estado, pronto para oferecer tratamentos psicológicos às pessoas doentes devido ao jogo. Eles prometem a luta contra a pobreza, legislam sobre as taxas de juros abusivas sobre os empréstimos, mas não sobre a excessiva remuneração de alguns diretores de empresa e muito menos ainda sobre os lucros exagerados. Responsáveis pelo que chamam de educação, eles se

---

11. André COMTE-SPONVILLE, *Le capitalisme est-il moral?*, Paris, Albin Michel, 2004, p. 17. [ed. br.: *O capitalismo é moral?*, trad. Eduardo Brandão, São Paulo, WMF Martins Fontes, 2011].

interessam mais pelo ensino e pela transmissão de conhecimentos e de experiências que permitem aos indivíduos "ganhar suas vidas", o que é esperado evidentemente, mas, desse modo, renunciam à verdadeira educação, isto é, à transmissão de valores que possibilitem "viver melhor juntos". Eles não voltam a atenção para a educação, para a democracia, para a cidadania, para a história, para a moral. Eles aceitam as desigualdades não somente entre os indivíduos, mas entre as nações, afastando-se, não no discurso, mas na ação, da esperança de criar um mundo solidário no qual todos poderiam viver digna e plenamente.

Os efeitos perversos da grande liberdade exigida pelo poder econômico no momento da aceleração da globalização atingiram seu apogeu recentemente, durante a forte crise imobiliária nos Estados Unidos. O governo americano, desprevenido diante dessa catástrofe, tentou estancar a hemorragia investindo milhares de bilhões de dólares para salvar algumas instituições financeiras. O ex-presidente francês, nessa época igualmente presidente da União Europeia, Nicolas Sarkozy, exigiu mais:

> O maior erro que o mundo poderia cometer diante dessa crise seria encará-la como um parêntese, e que uma vez os mercados serenados e os bancos salvos tudo voltaria a ser como antes. Bem, isso a França não aceitará, pois seria total irresponsabilidade. Devemos regular e moralizar o capitalismo, senão o cada-um-por-si, os egoísmos, os fanatismos, a lógica de confronto prevalecerão, e talvez então o mundo poderá ser pior do que esse em que vivemos[12].

Essa é certamente uma forte condenação ao neoliberalismo e às suas empresas capitalistas. E mesmo uma condenação do mercado, no entanto há décadas apontado por vários economistas como o regulador ideal para garantir uma concorrência eficaz e vantajosa para os consumidores através de preços mais baixos. Logo, é preciso "regular", como diz o presidente francês, e vários outros em seguida, inclusive o ex-presidente dos Estados

12. Por ocasião de seu discurso na Assembleia Nacional de Quebec, em 17 de outubro de 2008.

Unidos, Georges W. Bush, e o ex-candidato republicano à presidência, John McCain. No entanto, ambos eram até então fomentadores entusiastas do neoliberalismo, contrários a uma regulamentação das empresas. Durante anos, tanto um quanto o outro exaltaram as virtudes da liberdade das trocas comerciais e financeiras e preconizaram a não intervenção do Estado. Segundo eles, qualquer forma de intervenção do Estado, de inspiração socialista, não poderia ser tolerada em um país capitalista. Todavia, diante do desastre financeiro, o governo americano interveio e aplicou soluções para corrigir a situação.

Regular? É o que o governo americano fez, algum tempo atrás, pela lei conhecida como Sarbanes-Oxley e destinada a conferir maior controle aos conselhos de administração sobre os administradores de empresa. Uma reação do legislativo às desastrosas falências das grandes empresas como a Enron e World Com. Evidentemente, esse controle foi apenas uma fração da solução, pois outros escândalos se sucederam após a adoção dessa lei, a qual não impediu a falência de vários bancos americanos após a crise do outono de 2008.

Essa crise recente é tão forte que obriga a encontrar soluções mais resistentes. Ela se junta às de 1987, 1991, 1997 e 2001. Anteriormente nunca se pensou em moralizar as empresas, o que significa "moralizar os autores do poder econômico", e sabemos que são numerosos: pesquisadores, produtores, distribuidores, publicitários, revendedores e mesmo consumidores. Essas crises recorrentes demonstram que as leis não conseguem controlar todos os aspectos da conduta dos indivíduos e que são necessárias, além das leis, a moral e a ética. Foi o que afirmou, em nome da França, Nicolas Sarkozy.

Isso pode parecer utópico para alguns, mas a volta ao *statu quo* não é mais concebível. É necessário que os chefes de Estado se convençam da importância de restabelecer a moral. Eles sabem provavelmente que muitos cidadãos — eleitores — compreenderam que os valores morais são os alicerces das sociedades, das empresas, das associações, das famílias. Eles sabem igualmente que os homens e as mulheres não nascem sensatos — portanto, não nascem plenamente *humanos* —, que eles não nascem altruístas, democratas e socialmente solidários, mas que assim se tornam graças à educação e a um bom conhecimento sobre sua própria natureza. Eles sabem que é preciso uma educação permanente. E, como esses homens e mulheres não são eternos, fica o desafio da transmissão intergeracional desses valores humanos fundamentais. Um grande desafio, pois temos que admitir que os guardiães dos valores que respeitam a natureza humana são raros hoje em dia.

Refletiremos sobre essas questões nas páginas que se seguem.

I
Testemunho de um mundo em transformação

Não se trata de mudar apenas o mundo; mas o Homem.
ANDRÉ GIDE (1935)

Minha carreira junto ao movimento cooperativo permitiu-me conviver com milhares de pessoas de todas as origens que seguiam um projeto comum nas empresas detentoras de valores e regras de ação diferentes daqueles das empresas tradicionais. Pessoas cujas realizações são notáveis, não apenas no plano econômico, mas também no plano social. O cooperativismo, desde suas origens, se sustenta da ética do bem comum. Ao ver a evolução desses militantes da solidariedade transformados em empreendedores, pude medir a força mobilizadora da democracia, da ajuda mútua, da solidariedade e do desejo de construir meios de vida propícios ao bem-estar das coletividades. Pude medir o potencial do cooperativismo enquanto projeto de sociedade, uma vez que esse regime de vida comum contribui para a satisfação das necessidades humanas fundamentais. Alguns cidadãos satisfazem, por pertencerem a uma empresa ou a uma associação da economia social, algumas de suas necessidades primárias (habitação, agricultura, consumo, serviços financeiros, serviços funerários, transporte, trabalho etc.). Mas, além disso, por sua contribuição ao êxito dessa empresa, eles satisfazem suas necessidades afetivas, assim como suas necessidades de realização. Como não ficar orgulhoso pelo êxito de uma companhia útil não somente para os indivíduos mas também para a coletividade? Os membros das cooperativas, pelo menos os membros ativos, não são apenas clientes ou consumidores, eles são igualmente coproprietários de uma empresa cujos objetivos são ao mesmo tempo econômicos e sociais. Várias pessoas que defendem seus negócios e que assumem responsabilidades; pessoas que participam de uma empresa cujos usuários ou clientes proprietários são considerados seres humanos íntegros, e não apenas produtores, trabalhadores, poupadores, especuladores ou compradores. Em suma, militantes que preferem a *união pela vida*, como proposto pelo fundador das caixas populares, Alphonse Desjardins, à *luta pela vida*. Muitos valores que correspondem à minha educação tanto familiar quanto escolar e universitária.

O ser humano não tem apenas necessidades fisiológicas, isto é, necessidade de se alimentar, de se alojar, de se vestir, de se tratar em caso de doença, de garantir sua segurança. A satisfação dessas necessidades primárias garante apenas a sobrevivência, não a felicidade. Caso contrário, todos os prisioneiros seriam felizes, pois são gratuitamente alimentados, alojados, vestidos, tratados, em segurança — alguns têm mesmo direito a segurança máxima! E no entanto, basta visitá-los para constatarmos que a maioria deseja apenas uma coisa, sair dali e retomar a liberdade. O mesmo acontece com os desempregados, beneficiários de um seguro-desemprego. Eles sobrevivem — o que não significa viver plenamente. O que levava o grande músico Félix Leclerc a dizer: "O melhor meio de matar um homem é pagá-lo para não fazer nada!". Viver plenamente exige a satisfação das necessidades afetivas, isto é, a necessidade de amar e de ser amado e de desenvolver um sentimento de pertencimento a uma família, a um grupo, a uma comunidade. Viver plenamente exige igualmente a satisfação da necessidade de realização, essa necessidade de fazer coisas que proporcionam um sentimento de orgulho, que Marlow[1] chamava de *autorrealização*.

Ao dizer isso não estou afirmando que em todas as cooperativas os dirigentes ou os membros possuem necessariamente e de uma maneira permanente esses valores e essas características próprios ao cooperativismo. As cooperativas são associações de seres humanos normais. Consequentemente, os valores do cooperativismo não são necessariamente onipresen-

1. Abraham Marlow (1908-1970), psicólogo americano.

tes e constantemente respeitados por seus membros. Os valores cooperativos, por mais generosos que sejam, nem sempre resistem às forças contrárias de um mundo contemporâneo muitas vezes impulsionado pela ganância. Alguns filósofos[2] consideram que as empresas ou as organizações são intrinsecamente amorais e que são os valores de seus dirigentes, de seus acionistas ou de seus membros que ditam as decisões de ordem moral a ser tomadas. No entanto, os dirigentes e membros das cooperativas não são eternos: eles mudam conforme as eleições e as gerações. Daí a importância da educação permanente para a cidadania cooperativa que, inerentemente, constrói uma ética do bem comum.

Aliás, o mundo cooperativo é um bom lugar para observar a evolução dos valores individuais, pois não pode haver cooperação sem valores altruístas e sem práticas democráticas, sem ajuda mútua e solidariedade, sem expressão concreta da preocupação com o próximo e sem reconhecimento da igualdade dos direitos de todos. Na falta desses valores haverá apenas simulacros de cooperativas.

Um pouco de história

As origens do movimento cooperativo demonstram isso. A primeira cooperativa nasceu no século XIX[3], como reação aos efeitos negativos do desenvolvimento acelerado de uma economia liberalizada. Ainda hoje as cooperativas nascem sob esse mesmo impulso. Desde o nascimento elas já são portadoras de valores sociais e propõem a instauração de uma sociedade mais humana. Nesse sentido, o cooperativismo é um verdadeiro projeto de uma sociedade guiada pelos valores igualitários da democracia. Ele oferece vários indícios de ação ou práticas concretas para uma ética do bem comum, ou seja:

---

2. André COMTE-SPONVILLE, *Le capitalisme est-il moral?*.

3. Os Equitativos Pioneiros de Rochdale, em Manchester, Inglaterra, são considerados os criadores da primeira cooperativa, e isso em 1843.

— a criação de colônias, de organizações ou de empresas que ofereçam igualdade de direitos, mas também privilégios e oportunidades para todos. Essa igualdade se manifesta através da prática da regra democrática "uma pessoa = um voto" e pela regra de equidade nas transações com os membros;

— o compromisso dos membros dessas cooperativas de trabalhar, como produtores, empreendedores, trabalhadores ou consumidores, para o êxito do projeto em comum. Para os dirigentes da cooperativa, a economia deve servir à sociedade e não o contrário;

— uma justa distribuição da riqueza, incluindo políticas de preços dos produtos e dos serviços, a distribuição dos excessos das operações da empresa aos usuários proporcional às suas atividades dentro de sua cooperativa, bem como uma remuneração equitativa dos parceiros e dos empregados;

— a educação contínua dos membros, lembrando sempre a razão de ser da organização, de seus valores e de suas práticas;

— a intercooperação, isto é, o apoio às outras cooperativas, de modo a conquistar e a "cooperatizar" a organização econômica e social do mundo;

— finalmente, a responsabilidade da assembleia geral dos membros de assegurar a proteção e a perenidade desses valores e dessas práticas em suas cooperativas.

Surgida na Europa, essa ideia de cooperação sofre as influências das teorias humanistas. Encontramos entre os adeptos dessas teorias grandes sociólogos ou filósofos, precursores do cooperativismo tal qual o conhecemos hoje em dia, e também vários religiosos. Poderíamos citar muitos exemplos, mas um dos mais proeminentes é seguramente o famoso movimento cooperativo da cidade de Mondragon, na Espanha, concebido como um conjunto intercooperativo regional excepcional reconhecido mundialmente. Esse êxito notável suscita um interesse tanto do ponto de vista sociológico, pois se trata antes de mais nada de um movimento social, quanto do ponto de vista econômico. Os dirigentes e fundadores das primeiras cooperativas espanholas eram membros do clero que objetivavam a instalação de estruturas socioeconômicas de acordo com o espírito cristão[4]. Aliás, esse espírito orientou a criação da maioria das cooperativas no mundo, inclusive em Quebec. A influência e a contribuição do clero no surgimento do Movimento das Caixas Populares Desjardins, em 1990, são muito importantes e continuam sendo durante todo o seu desenvolvimento. Os textos e discursos de Alphonse Desjardins comprovam bem isso[5]. Aliás, o clero foi seu mais convincente e fiel aliado. O historiador Pierre Poulin escreveu sobre esse assunto:

> Ao analisar as ocupações profissionais dos oficiais dos primeiros conselhos de administração das caixas populares fundadas entre 1900 e 1920, podemos fazer uma primeira constatação geral: é a elite das paróquias, e no primeiro plano o clero, que dirige esses estabelecimentos[6].

O próprio Alphonse Desjardins, fundador do movimento, era um grande cristão. Desde a abertura da primeira caixa, a da cidade de Lévis, ele agradecia a Deus o sucesso do seu projeto. Em 1910, com a ajuda do abade Grondin, ele publica *Le Catéchisme des caisses* [*O catecismo das caixas*]. E em 1913 o papa Pio X lhe concede o título de comendador da Ordem de São Gregório, o Grande. Até sua morte, em 1920, Alphonse Desjardins fez a apologia da pessoa em contraponto ao capital, da igualdade dos direitos e dos privilégios, da democracia, da ajuda mútua, da integridade e da responsabilidade. Ele liderou uma luta contra a pobreza através da educação da poupança e através do valor de equidade na partilha positiva "dos excedentes" ou, se preferirmos, das sobras de operações. Ele queria, por meio da poupança, restaurar a dignidade de todas as pessoas:

---

4. Garcia QUINTIN, *Les coopératives industrielles de Mandragon*, Paris, Éditions Ouvrières/Éditions Économie et Humanisme, 1970, p. 22.

5. Ver principalmente Alphonse DESJARDINS, *Les réflexions d'Alphonse Desjardins*, publ. de Mouvement Desjardins, Québec, Dorimène, 1985.

6. Pierre POULIN, *Histoire du Mouvement Desjardins*, Montréal, Quebéc-Amérique, 1990, v. 1, p. 186.

> Embora o povo seja todo-poderoso diante da urna eleitoral, ele fica, isso é incontestável, reduzido à servidão no campo econômico e à mercê de uma plutocracia que explora em seu próprio benefício a poupança desse mesmo povo. Existem aí muitas contradições que são perigosas a longo prazo[7].

Esse pensamento cristão vai influenciar explicitamente os dirigentes das caixas populares durante toda a história do movimento até recentemente. Por exemplo, ainda em 1962, em Lévis, Joseph Folliet, diretor da *Chronique sociale de France,* convidado a proferir uma conferência em comemoração ao aniversário de uma das filiais do movimento, lembrou, em um longo discurso, o que os cooperadores cristãos repudiam no que diz respeito às práticas econômicas. Ele chamou de "o bezerro de ouro" essas observações[8]. Primeiramente, referindo-se ao dinheiro, ele afirmou diante dos dirigentes do movimento da época:

> A função essencial e principal do dinheiro continua sendo a de circular e facilitar a circulação das riquezas. A segunda função, importante, porém acessória, é a de acumular e constituir uma poupança. Quando a função acessória e secundária se sobrepõe à função principal, há uma desordem social e moral, e é essa desordem que reprovamos ao capitalismo liberal, assim como ao capitalismo de monopólios. O que é difícil para um cristão de aceitar nas formas históricas do capitalismo? É a ideia da produtividade intrínseca e definida do dinheiro...

Em segundo lugar, a propósito do capitalismo, ele acrescentou:

> O que continua ainda inaceitável para um cristão em certo capitalismo? A ideia da prioridade do ganho. A principal finalidade do trabalho seria o ganho, o lucro, como dizem os teólogos... Não tem a menor importância se aquilo que produzimos seja necessário ou supérfluo. O essencial é ganhar dinheiro... O que parece igualmente de difícil aceitação para o cristão é a ideia que o poder econômico pertence *a*

7. Carta ao abade Philibert Grondin, de 20 de março de 1918, reproduzida em *Les réflexions d'Alphonse Desjardins*.

8. Joseph Folliet, *Le veau d'or*, Lévis, 1962 (conferência).

> *priori* ao detentor do dinheiro e na exata medida em que ele possui o dinheiro. Você não tem dinheiro, logo não tem poder econômico.

Em terceiro lugar, a solução:

> Praticamente os que se insurgiram contra o capitalismo não eram teóricos, não eram socialistas, tampouco católicos sociais, eram simplesmente operários ingleses, munidos de certo bom senso e de certo espírito cristão, os *Équitables Pionners de Rochdale*, que constituíram a origem de todo o movimento cooperativista do qual vocês são, atualmente, os descendentes e os representantes. Eles pensavam que o dinheiro não constitui sua própria finalidade. Ele deve servir, de acordo com o espírito cooperativista, ao bem-estar e à educação dos cooperativistas... O dinheiro não confere o poder... A regra é um homem = uma voz, porque um homem equivale a outro. Ele não vale milhões de dólares, mas ele vale o que um homem vale... O melhor meio de usar seu dinheiro é investi-lo no bem-estar dos outros...

Essas palavras reafirmam as razões de ser do movimento cooperativo, sem provocar surpresas ou observações desagradáveis. Esse discurso está dentro do tom da época. E repito: não estamos na Antiguidade, mas em 1962! Por que Joseph Folliet chama suas propostas de *o bezerro de ouro*? Porque ele conhece a natureza humana e se preocupa com a possível degenerescência da cooperativa quando diz que "as pessoas investem simplesmente seu dinheiro na cooperativa, mas não sua pessoa, seu coração".

> Geralmente, os primeiros fundadores de uma cooperativa são os pioneiros, com tudo o que a palavra "pioneiro" implica de coragem e aventura. Pensem nos *Équitables Pionners de Rochdale*, eles sabiam bem o que faziam ao se denominarem assim. A segunda geração é composta na maioria por organizadores que põem em prática os resultados obtidos através da coragem e da imaginação dos pioneiros. A terceira geração, se não tomarmos cuidado, corre o risco de se constituir apenas de beneficiários, isto é, de pessoas que desfrutam dos serviços da cooperativa, mas que não dão nada em troca.

Nesse período (1962), os dirigentes do Movimento Desjardins concordam com essa concepção de uma poupança a serviço de uma necessária divisão da riqueza para o bem-estar de todos. Aliás, é essa concepção de poupança que condiciona a distribuição dos empréstimos aos devedores das caixas. Os dirigentes das caixas não emprestam a seus membros sem ter a convicção de servir e de contribuir para o aprimoramento da condição econômica e social do devedor. Daí a aprovação, exigida para todos os empréstimos, por três "comissários de crédito" eleitos pela assembleia geral dos membros. Esses "comissários" têm a responsabilidade de apreciar a legitimidade do motivo do empréstimo e avaliar ao mesmo tempo as qualidades morais e a solvibilidade do mutuário[9].

Esses mesmos valores influenciam as práticas relativas às contas de poupança — sobretudo as pequenas contas de poupança —, inclusive, mais tarde, os depósitos a prazo. Desse modo, contrariamente às práticas atuais, a remuneração é a mesma para todos os depósitos, pequenos ou grandes, e isso em nome da equidade entre os membros. Nessa época não se pensava em recompensar a mais os depósitos mais volumosos. Recompensar os mais ricos parece uma injustiça. Por que se haveria de recompensar os mais favorecidos cada vez mais ricos, quando são os pobres os que precisam de ajuda? Essas práticas, chamadas de equitáveis, são aceitas por todos e em conformidade com os valores dominantes da época.

Influenciados por esses mesmos valores, os dirigentes das caixas (os administradores, comissários de crédito, membros do conselho de vigilância, todos eleitos pelos membros) não exigem remuneração pelo seu trabalho. Eles dão o seu tempo e as suas energias não para ganhar dinheiro, mas para o desenvolvimento de uma causa nobre e generosa, a de erguer um escudo econômico, forte, sólido para "proteger as pessoas daqui contra seus adversários e seus rivais", como proposto por Alphonse Desjardins[10]. Esses voluntários corajosos querem principalmente ajudar econômica e socialmente os seus compatriotas, particularmente os menos favorecidos. Os

9. Pierre POULIN, *Histoire du Mouvement Desjardins*, v. 3, p. 148.

10. Alphonse DESJARDINS, *Les réflexions d'Alphonse Desjardins*.

militantes da época colocam aí, como disse Joseph Folliet, "sua energia e seu coração"! No tempo dos primeiros construtores do Movimento, os mais favorecidos concediam, muitas vezes, alguma liquidez para as caixas para responder às demandas de empréstimos. Ainda bem jovem, quando eu era voluntário da Caixa Popular de Outremont, lembro-me de ter ouvido meu pai, um dos fundadores da Caixa, perguntar a um tabelião, administrador da Caixa, se ele poderia contribuir com um depósito de $ 10.000 para ajudar a empresa, que tinha uma necessidade urgente de liquidez! Para minha grande surpresa, o tabelião, cooperador convicto, respondeu positivamente à pergunta. Não somente era preciso querer ajudar a Caixa a desempenhar seu papel... mas também era preciso ter confiança em seu futuro! Isso aconteceu no final dos anos 1940. Parece que esse espírito de ajuda mútua e de cooperação dos primeiros edificadores se manteve até a época da Revolução tranquila, ou seja, até os anos 1960.

Sobre esse assunto, Pierre Poulin escreve:

> Até a Revolução tranquila, os princípios e as orientações não se alterarão, continuando os mesmos da época de Alphonse Desjardins, apesar das numerosas pressões dos societários e da opinião pública para que elas flexibilizassem a política de crédito e para que elas alargassem o raio de ação. Diante do surgimento de um modo de vida em que o consumo empurra frequentemente a população para o endividamento, os dirigentes não pensam em renunciar à sua concepção tradicional de poupança e de crédito. Eles têm um sistema de normas difícil de ser abalado. A caixa visa antes de mais nada a servir e não a praticar lucros. Muito mais do que uma simples empresa, ela se assume como uma escola, dedicada à educação econômica e à formação moral e social de seus membros. Ela deve ensiná-los a poupar, a utilizar racionalmente o crédito e a desenvolver uma autonomia e sua independência econômica. A caixa popular, escreve Paul-Émile Charron[11], quer assegurar a todos a oportunidade de organizar sua vida, ela quer ajudar o povo a construir e dirigir suas próprias instituições sobre uma

11. Paul-Émile Charron, *La Revue Desjardins* (maio 1952).

base de sólida liberdade, graças à cooperação que ela lhe ensina a praticar e o apoio financeiro que ela lhe garante[12].

Ventos contrários

Essa ética do bem-estar comum do movimento cooperativista encontra-se nesse ponto presente e sólida e durante certo tempo não sucumbirá às novas influências da Segunda Guerra Mundial[13]. Nessa época, o crescimento econômico oferece novas perspectivas e incita a população a um maior consumo de bens e serviços. O movimento cooperativo reprime essa nova orientação que alguns julgam nociva, pois ela se dirige não à razão, porém aos instintos do homem, e ocasiona o endividamento progressivo. A moderação na riqueza individual, na época, é mais bem compreendida do que a riqueza chamada de exagerada. A riqueza prefere se esconder para evitar críticas[14]. Renomados autores, como Léon Bloy, consideram o dinheiro "o sangue do pobre"[15]. Em uma economia bem conduzida, o dinheiro deve servir "para dar de comer àqueles que têm fome, roupas para aqueles que estão nus, um teto para aqueles que não têm moradia". O que leva Joseph Folliet a dizer: "Temos em nossas contas no banco o sangue do pobre! O dinheiro não deve ser guardado egoistamente, ele deve circular nas veias da sociedade para que o pobre possa viver"[16].

Apesar desses discursos e desses lembretes dos valores dominantes da época, a prosperidade econômica e as mudanças sociais provocadas pela euforia do pós-guerra influenciam o comportamento de um número crescente de indivíduos, estimulados nesse sentido pela mídia e pelo clamor público. Eles apoiam a emergência da sociedade de consumo, que acarreta novas necessidades de crédito. Surgem novos comportamentos:

---

12. Pierre POULIN, *Histoire du Mouvement Desjardins*, v. 1, p. 136.

13. Após 1945.

14. Les inconnus des statistiques, *Manière de voir — Le monde diplomatique* (jun.-jul. 2008) 13.

15. Citado na conferência de Joseph Folliet *Le veau d'or*.

16. Ibid.

aqueles que os adotam parecem satisfeitos, o que incita os outros a imitá-los. Os bancos liberalizam suas políticas de crédito. As caixas populares sofrem cada vez mais pressões. No Movimento Desjardins, um conselheiro nessas matérias[17] pleiteia pela liberalização das normas de crédito, alegando categoricamente que os tempos mudaram. A partir de agora, segundo ele, "existe um crédito para o consumo, que ajuda as pessoas a viver melhor". Sob pressão dos membros e da concorrência, as caixas seguem, finalmente, o fluxo. Em nome da liberdade dos membros, elas abandonam a preocupação do "empréstimo produtivo para o membro" e oferecem empréstimos para o consumo, autorizados principalmente em função da capacidade de reembolso do mutuário, independentemente da razão do empréstimo e dos valores morais do mutuário. Os dirigentes, por desencargo de consciência, comprometem-se em manter seu papel educativo no que diz respeito à poupança e à gestão do orçamento familiar. Chegam mesmo a recrutar conselheiros em economia familiar cuja missão é "defender o espírito de operação de uma caixa popular". De qualquer maneira, a prosperidade econômica de uma boa parte da população beneficia as caixas. E resulta daí, principalmente pelo lado das caixas urbanas, um crescimento financeiro notável. E como consequência as caixas semiurbanas e rurais farão a mesma coisa.

Sinal interessante dos tempos: nessa época, o Movimento Desjardins modificava cautelosamente sua linguagem sugerindo que o crédito podia ser bom e útil. E isso era acompanhado pelas tendências sociais do pós-guerra de aceleração do consumo. Até então, emprestar era tido como um recurso do cidadão que não soubera gerir seus negócios. Um historiador francês relata, aliás, que no início do surgimento das cooperativas de crédito agrícola na França as atividades eram lentas, pois geralmente, para o pessoal do campo, emprestar era sinal de fracasso econômico[18]. Os

17. André Morin era conselheiro em consumo e crédito na Federação das Caixas Populares de Quebec, que controlava o conjunto das associações regionais.

18. André GUESLIN, Les banques de l'économie sociale en Europe, perspectives historiques, *Revue d'Économie Financière*, n. 67 (sobre o futuro das instituições financeiras mutualistas).

tempos mudaram consideravelmente, pois atualmente a linha de crédito faz parte da riqueza dos indivíduos e das empresas, e o funcionamento do sistema financeiro depende da massa de crédito, caso contrário tudo para ou torna-se mais lento, como observado durante a crise financeira de 2008-2009.

Mais tarde, sob o impulso da Revolução tranquila e dessa vontade de Quebec de entrar na modernidade como muitos outros grupos ou empresas, o Movimento Desjardins trabalha pela "modernização" de sua rede e se inspira nas novas tecnologias. O Movimento já pensa em um relacionamento das caixas através de um sistema entrecaixas. E, em um patamar mais elevado, ele revisa suas estruturas organizacionais e concede à Federação caixas com poderes mais amplos. Os conhecimentos e as técnicas ensinados nas universidades — a partir daí abertas a todos — modificam completamente as práticas tradicionais. Eficiência, profissionalismo, racionalização, normalização e uniformização são as novas palavras que ecoam entre as paredes da sede social do Movimento[19]. Foi mesmo criado um serviço de pesquisa encarregado de examinar as grandes tendências que marcam a evolução da poupança e do crédito e de examinar o perfil dos dirigentes e a imagem das caixas junto à opinião pública. Embora as palavras "publicidade" ou *marketing* tenham sido anteriormente desprezadas, foi criado um serviço de informação e de publicidade, em 1969 — o que, segundo a opinião dos observadores, é "um sinal dos tempos"! Na época, o diretor-geral da Federação das caixas, Cyrille Vaillancourt, era contra o uso da publicidade para enaltecer seus serviços, evitando assim que os governos ficassem tentados a taxá-los com impostos (dos quais eles eram isentos). Ele sugeriu às caixas que continuassem sendo organizações de educação cívica de poupança e de boa gestão do crédito familiar. Porém, o crescimento financeiro decorrente de todas essas mudanças e a adesão popular às novas liberdades na gestão dos negócios foram tão relevantes que forçaram o governo, ao longo da década de 1970, a mudar o *status* fiscal das caixas. Por decreto, o *status* de empresa comunitária sem fim lucrativo,

---

19. Pierre POULIN, *Histoire du Mouvement Desjardins*, v. 3, p. 352.

obtido desde suas origens, foi removido. Desse modo, elas se tornaram, para fins tributários, instituições bancárias comerciais, iguais às outras instituições financeiras. Para o Estado, no plano fiscal, não existe mais diferenças entre as caixas... e seus concorrentes.

Em 1973, Claude Ryan[20] escreve:

> A prosperidade das caixas é a partir de agora o seu inimigo mais perigoso. O perigo que as ameaça é o do elitismo e da tecnocracia, isto é, o perigo de uma predominância excessiva das pessoas presumidamente instruídas e dos valores administrativos e técnicos por elas veiculados[21].

Os atrativos de uma sociedade cada vez mais orientada para o consumo são sentidos e amenizam certas regras éticas. Alguns exemplos: enquanto anteriormente os chamados custos "administrativos" eram assumidos pela caixa, ou seja, pelo conjunto de seus membros, depois, em nome da solidariedade, alguns membros, que efetuam poucas transações em comparação com os outros, exigem que essas sejam taxadas e que os membros paguem individualmente pela utilização dos serviços. O que é feito. Colocando de lado a lei da solidariedade relativa às despesas administrativas, alguns membros preferem a individualização de certas despesas, pretensamente em nome da justiça. Outro exemplo: a emissão de um cartão de crédito para os membros. Mesmo que os concorrentes o ofereçam a seus clientes, o Movimento Desjardins, por sua vez, se recusa a isso. Esse crédito *à la carte* à vontade surge como uma ameaça à saudável administração do orçamento familiar e como um convite ao consumo irresponsável. Mas as pressões dos membros se fazem cada vez mais fortes. Começam, então, longos debates. Surgem várias perguntas aos dirigentes das caixas e do Movimento: o desejo de alguns membros deve ser atendido? Trata-se de uma necessidade ou de uma moda? O cartão de crédito é um incentivo ao endividamento ou é um meio moderno de gerir o crédito? A caixa deve

---

20. Claude Ryan, diretor do jornal *Le Devoir* e militante junto às caixas populares.
21. Apud Pierre POULIN, *Histoire du Mouvement Desjardins*, v. 3, p. 363.

ser "paternalista" e "proteger" seus membros contra os riscos de endividamento ou deve confiar em seus membros e em suas opiniões? Enquanto isso, um crescente número de membros decide obter cartões de créditos das instituições concorrentes. Após anos de debate, finalmente surge o cartão Visa Desjardins. A grande maioria dos membros o exige! E o utiliza!

Em 1987 tomo posse como presidente do Movimento das caixas Desjardins. Por ocasião da primeira conferência de imprensa após minha eleição, um jornalista me pergunta: "Senhor Béland, como novo presidente o senhor permitirá que Desjardins faça negócios como todo mundo... como todos?". Na visão de alguns colunistas financeiros, fazer negócios "não como os outros", isto é, do modo cooperativista, parece suspeito! Como se no setor financeiro fosse preciso desenvolver um modo de pensamento único. Evidentemente, para muitos, na época, o liberalismo e suas empresas capitalistas aparecem como a via privilegiada que conduz ao enriquecimento individual e influencia os comportamentos dos cidadãos.

Eles influenciam igualmente alguns dirigentes de caixas locais que querem imitar melhor os concorrentes. Numa região de Quebec, os dirigentes de duas caixas, com o fim de responder às exigências de seus membros, decidiram fundir suas caixas. Nessa época, a maioria dos dirigentes era contra essas fusões e sobretudo a favor do aumento do número de caixas, embora já existissem mais de mil. Essa rede constituía uma grande riqueza humana, já que graças aos membros dos conselhos de administração de cada uma das caixas o Movimento podia contar com mais de 10 mil dirigentes voluntários, um verdadeiro "exército" de propagandistas e receptores vivos na comunidade. Portanto, o projeto de fusão dessas duas caixas surgiu como contrário aos objetivos do Movimento. Na qualidade de presidente, publiquei um texto endereçado a todos dirigentes das caixas lembrando-lhes a importância da multiplicação do efetivo de voluntários para o Movimento, e isso em nome da educação cooperativa da comunidade. Apesar disso, aproveitando de sua autonomia, essas duas caixas se fundiram, o que abriu precedente para outras eventuais fusões. Aliás, eu não supunha que, sob os estímulos da globalização, eu iria, seis anos mais tarde, contradizer meu próprio discurso e estimular a fusão das caixas! A reaproximação dos territórios devido à evolução dos meios de comunicação, assim como os custos das novas tecnologias e do aprimoramento da mão de obra adaptada à ampliação da indústria dos serviços financeiros obrigaram as pequenas caixas a se unir para melhor enfrentar os desafios dos anos 2000. Alguns já falavam em globalização...

Outro exemplo, mais eloquente ainda, a meu ver. A Sociedade de Investimento Desjardins, uma filial pertencente ao conjunto das caixas, era proprietária de algumas empresas manufatureiras. Sua finalidade era apoiar a criação de empregos e obter rendimentos razoáveis sobre os investimentos. Nessa época, para o Movimento, a criação de empregos era prioritária. No entanto, assim que os primeiros efeitos da globalização foram sentidos, enquanto a presença de uma nova concorrência exacerbava as exigências de competitividade, as empresas nas quais Desjardins investira se viram obrigadas a descartar a meta de criação de emprego e promover a mecanização ou a informatização. Para minha grande surpresa... e decepção, ao visitar algumas fábricas, o diretor-geral da empresa me confidenciava: "Nesse departamento, temos 230 empregados. Daqui a seis meses eles serão substituídos por novas máquinas vindas da Europa. Bastarão seis empregados para operá-las... e poderemos mesmo produzir mais, pois elas funcionarão 24 horas por dia!". Essas confidências me pareceram de mau presságio, mas para o diretor-geral era uma boa notícia. Para ele, a finalidade não era criar empregos, mas obter melhores lucros! Uma mutação ética importante... mas aparentemente incontornável diante dos imperativos do chamado *mercado*!

Esses são apenas alguns exemplos. A lista poderia ser muito mais longa. Bastaria mostrar que após a guerra de 1939-1945, e em seguida à Revolução tranquila e diante da aceleração da globalização, a abertura a um maior consumo e ao enriquecimento individual modificou amplamente as exigências e os comportamentos das populações. A alta do individualismo já influenciava os membros das caixas: a regra da equidade que justificava a remuneração igual das poupanças não se pôde sustentar, os grandes poupadores aceitavam favoravelmente a oferta da concorrência capitalista que recompensava mais generosamente suas economias e fazia empréstimo com taxas menos elevadas do que aos menos favorecidos. A ideia original de reagrupar as poupanças para permitir aos menos afortunados amenizar sua adversidade cedia lugar à ideia de enriquecer primeiro individualmente, cada um aproveitando de seus talentos, de suas energias, de suas iniciativas.

Terminou igualmente a ideia de divisão coletiva de algumas despesas: agora, cada um devia pagar segundo o nível de atividades feitas com sua caixa, como vimos acima. Caiu por terra também a ideia de apoiar as empresas locais a fim de criar empregos e garantir certo controle sobre a economia interna. Mais um efeito da alta de certo individualismo, surgido da insegurança diante de um mundo em transformação. Coisa certa, o discurso de 1962 de Joseph Folliet e a referência à poupança representando "o sangue do povo" não poderiam obter o mesmo sucesso e os mesmos aplausos em 1990! Ao contrário, eles teriam provocado certo desconforto ou mesmo alguns sarcasmos. Sim, evidentemente, os valores mudaram. Agora é "ultrapassado" falar de solidariedade. Riccardo Petrella se surpreende:

> Por que ficou tão difícil falar de interesse geral e bem comum e agir consequentemente? Por que temos a impressão de viver em sociedades que não são mais compostas de indivíduos e de grupos que querem viver juntos, mas em sociedades em que cada um é obrigado a pensar em si próprio, em sua própria sobrevivência?[22].

Efetivamente, apesar dos êxitos do Movimento Desjardins, tornou-se incongruente falar de solidariedade. Já aconteceu comigo, ao chegar para reuniões com os presidentes de instituições financeiras concorrentes e não cooperativas, estes, servindo-se do humor como escudo, exclamavam: "Olha aí o socialista!". Sim, ficou difícil falar de interesse geral, de bem comum ou de solidariedade. Não é mais a moda...

Surgem então, algumas perguntas fundamentais: devemos abandonar essas antigas ideias e adaptar-nos às novas tendências? O cooperativismo

---

22. Riccardo PETRELLA, *Le bien commun*. Éloge de la solidarité, Bruxelles, Labor, 2006, p. 89.

tem ainda seu lugar nesse mundo novo? O "eu" deve ainda se preocupar com o "nós"? A ética do bem comum é ainda reivindicada ou possível? Para responder a essas perguntas, insistimos em compreender melhor a globalização. Ela é boa ou ruim? Devemos favorecer sua aceleração ou tentar freá-la ou combatê-la? Devemos compreender melhor o ser humano? Como as populações reagem a essas mudanças? E, principalmente, é possível um mundo melhor? Estas questões foram motivo de numerosos debates nos meios financeiros.

Todavia, o que sabíamos é que os efeitos da globalização e a evolução de um capitalismo desenfreado preocupavam as populações, as quais desenvolveram um profundo sentimento de impotência diante do poder econômico e mesmo diante do poder político. Em todo lugar do mundo, inclusive nos países ricos, milhões de cidadãos vivem situações análogas às dos tempos que precederam ao advento da democracia. A distância entre eles e as elites do poder econômico e político torna-se mais ampla. Recusando-se a ser escravos da economia, alguns tentam instaurar "uma economia subserviente" às populações. E por não poderem influenciar a economia planetária, cada vez mais grupos de indivíduos se unem para atender a algumas de suas necessidades. Se quisermos que esses esforços frutifiquem, deveremos primeiramente compreender melhor a globalização moderna, que é justamente o tema do capítulo seguinte.

2
A globalização

> O mundo mudou tão rapidamente, o impacto dos homens sobre seu meio progrediu com tamanha velocidade, as trocas internacionais se estenderam tão repentinamente que a humanidade foi superada por seu próprio movimento.
>
> FUNDAÇÃO PARA O PROGRESSO DO HOMEM (PARIS)

A globalização, segundo uma definição geralmente aceita, designa o desenvolvimento da interdependência das atividades humanas e dos sistemas políticos em escala mundial. Todavia, esse termo é mais usado atualmente para designar a globalização econômica e as mudanças induzidas pela difusão mundial das informações, particularmente pelo desenvolvimento de sua forma digital pela internet.

A globalização não é uma novidade. Ao contrário, ela é velha como o mundo! Há milênios os povos, após acreditar que eram os "centros do mundo", ficaram interessados pela descoberta de um planeta sem limites. As viagens de Ulisses no Mediterrâneo, as expedições romanas, a ampliação dos mundos cristão e muçulmano, a exploração dos mares e dos continentes, a conquista espacial, inúmeras contribuições visando a "ampliar o mundo"[1].

Alguns aventureiros percorreram o planeta em nome da cultura, da pesquisa ou da evangelização, outros com o único objetivo de enriquecimento. O capitalismo acompanha a globalização há mais de quinhentos anos[2]. Já nessa época trata-se da questão de uma "economia-mundo". Dan-

---

1. Luc BONNEVILLE, Introduction, in *Dictionnaire critique de la mondialisation*, Paris, Le Pré aux Clercs, 2001.

2. Gérard VINDT, *500 ans de capitalisme*, Paris, Mille et Une Nuits, 1998 (ler sobretudo La mondialisation. De Vasco da Gama à Bill Gates).

do enfoque prioritariamente ao acúmulo incessante do capital, o capitalismo não se satisfaz apenas com as riquezas locais ou nacionais e não vacila em aventurar-se na conquista de novos espaços. A partir das Cruzadas (1096-1291) e da conquista de novos continentes, a organização de permutas comerciais com outros países faz parte da história da humanidade. A história do Canadá é um bom testemunho: desde o século XVI a economia da colônia descoberta por Jacques Cartier em nome do rei da França é orientada para a exportação em três setores: o comércio da pesca, o comércio de peles e, mais tarde, de trigo. Nessa época estabelece-se um importante comércio entre França, Antilhas e a Nova-França[3]. Jacques Adda escreve:

> Sempre houve comerciantes em busca de lucro, ou quase sempre. Em todo caso, a Europa não inventou nem o comércio e tampouco a paixão pelo lucro. Bem antes, Veneza, Gênova, Hamburgo, Roma e Atenas conheciam muito bem as técnicas do comércio exterior e da finança internacional, desenvolvidas bem antes deles pelas cidades fenícias, que por sua vez as herdaram das cidades sumérias...[4].

Os espanhóis, os ingleses, os holandeses e alguns outros fizeram o mesmo, e isso apesar da lentidão dos meios de transporte (a travessia dos mares levava meses) e dos enormes riscos: os da doença, das tempestades, dos naufrágios e da pirataria. Depois, com as novas descobertas proporcionando as aproximações graduais dos continentes e das populações, com os decorrentes novos conhecimentos, a globalização se acentuou. Como, por exemplo, a descoberta da imprensa (Gutemberg 1450), da luz (Edison, 1878), do telefone (Bell, 1874) ou ainda da telegrafia e do rádio (Hertz, 1888; Marconi, 1894). Esses êxitos eram qualificados pelos cientistas como obras de "amadores de gênio", pois esses inventores não eram cientistas como são revelados hoje em dia. Até os produtos chamados de "globais", dos quais nos vangloriamos atualmente, e apresentados como uma novi-

3. Diane-Gabrielle Tremblay, Vincent Van Schendel, *Économie du Québec*, Montréal, Saint-Martin/Telé-université (TELUQ), 2004, p. 59.

4. Jacques Adda, La mondialisation: De Vasco da Gama à Bill Gates, in Gérard Vindt, *500 ans de capitalisme*, p. 8.

dade porque contêm matérias oriundas de diversas partes do mundo, já existiam no século XVII: os grandes navios eram construídos com materiais vindos de todas as partes do mundo. Acontecia a mesma coisa no que se refere aos produtos alimentares: o trigo e o centeio já atravessavam grande quantidade de fronteiras antes de chegar às grandes cidades[5]!

Dá para notar que a globalização econômica não é recente. A busca por novas riquezas sempre motivou os seres humanos e suas instituições. Há muito tempo os países, os grandes negociantes, em uma escala menor, procuram o enriquecimento.

A globalização política

No século XX, os acontecimentos importantes aproximam as nações, mas dessa vez no plano político. As duas grandes guerras, a de 1914-1918, com seus 15 milhões de mortos, e a de 1939-1945, com seus 50 milhões de mortos, incluindo a hecatombe de Hiroshima, preocupam os dirigentes dos países. Em 1944 os líderes de 41 nações se reúnem em Bretton Woods, nos Estados Unidos. Eles estão de acordo sobre um ponto: o mundo não poderá suportar outra guerra mundial tão devastadora e mortífera. É preciso, juntos, trabalhar pela paz. Com esse fim surge a proposta de unir os países em aventuras comuns e garantir seu progresso solidariamente, o que só poderá trazer benefícios econômicos e propiciar o estabelecimento de uma paz duradoura. Se essa nova solidariedade for estendida a todos, as guerras serão erradicadas. Aqueles que fazem comércio juntos, em prol de todos, não podem fazer a guerra. Os dirigentes dos Estados Unidos e da Inglaterra propõem igualmente a criação de novas instituições financeiras internacionais[6] para assegurar a estabilidade dos mercados financeiros e da

---

5. Entrevista com Immanuel Wallerstein, diretor do Centro Fernand-Braudel para o estudo das economias dos sistemas históricos e das civilizações, na Universidade de New York (Binghampton), divulgada em L'economie repensée, *Sciences Humaines*, n. 22 (set. 1998) 137.

6. Fundo Monetário Internacional, Banco Mundial, Organização Mundial do Comércio.

taxa de câmbio das diferentes moedas e para possibilitar a reconstrução e o desenvolvimento dos países que sofreram a guerra. Para que esse nobre projeto de solidariedade mundial e de paz duradoura tenha êxito, é elaborado um projeto de globalização. Logo se abre o caminho rumo à aceleração da globalização. Um ano mais tarde, em 1945, os representantes de cinquenta países voltam a se reunir, em San Francisco, na Califórnia, com o intuito de elaborar a Carta das Nações Unidas.

Na Europa, impulsionados pelo mesmo desejo de erradicar as guerras e estabelecer uma paz duradoura, os líderes de seis países sugerem a criação da União Europeia, com o propósito de formar uma governança comum e um mercado comum nesse continente. Além disso, tratados de livre comércio são assinados. Os primeiros resultados são positivos, a riqueza mundial sempre crescendo. Os dirigentes das nações se mostram altruístas e compartilham a visão de um mundo solidário e pacífico. A "razão" se sobrepõe e se encarna num plano de globalização que compreende a criação de instituições e de tratados internacionais (Organização das Nações Unidas, Banco Mundial, Fundo Monetário Internacional, Organização Mundial do Comércio etc.), assim como a abertura das fronteiras para proporcionar uma melhor acessibilidade aos mercados. Todavia, se o *homo sapiens* (o homem sábio) exprime desse modo a esperança em uma solidariedade mundial, não podemos ignorar o *homo economicus*, esse ser movido pela conquista de bens materiais que garantam seu conforto e sua segurança. Tanto um quanto o outro contam com valores diferentes: o primeiro, o ser sábio, sustenta a coordenação das atividades dos diferentes países com o propósito do desenvolvimento e de uma paz duradoura entre os povos e uma divisão planetária das riquezas; o segundo se interessa pela maximização da criação da riqueza para seu próprio país ou para si mesmo[7]. No primeiro caso, a solidariedade e a esperança de certa igualdade são os fundamentos do projeto; no segundo, trata-se sobretudo da liberdade e do enriquecimento individual. Apesar dessas diferenças de pontos de vista que correspondem a diferentes capitalismos (americano,

7. Ver o primeiro capítulo.

europeu, japonês etc.), assistimos a movimentos de integração regional. A globalização política continua e a interdependência das nações se confirma. Frédérique Sachwald escreve:

> Desde o início dos anos noventa, na Europa como nos Estados Unidos, as opiniões públicas representam também o movimento de integração regional, que envolve liberalizações e desregulamentações, como uma etapa rumo à globalização[8].

A globalização é inevitável

A globalização, tanto econômica quanto política, é inevitável. A primeira faz parte da história, data da noite dos tempos e é movida pelo duplo desejo natural do ser humano de possuir e de enriquecer. É enganoso pensar em afastar os continentes e os povos e submeter novamente os mercados planetários a um protecionismo hermético. A reaproximação dos continentes, dos povos e dos mercados decorre do avanço das ciências teóricas e das novas tecnologias. Essa evolução das ciências seguirá adiante e essa reaproximação se acentuará. A globalização econômica acompanhará o futuro, pois ela é uma etapa da evolução dos conhecimentos e das ciências, e induzirá à globalização política os Estados de diversos países do mundo que se tornaram interdependentes. Um retorno ao passado é impossível.

A novidade: a aceleração da globalização

No entanto, o que é novo é a aceleração da globalização econômica e política. As novas invenções, as novas ferramentas de produção e de transmissão das informações, assim como a evolução dos meios de transportes são igualmente fatores facilitadores do acesso aos mercados mundiais. O mundo está ficando menor. É possível se comunicar com a outra extre-

---

8. Frédérique SACHWALD, Intégrations régionales et mondialisation du commerce aux institutions, in Serge CORDELLIER (dir.), *La mondialisation au-delà des mythes*, Paris, La Découverte, 2000, p. 134.

midade do mundo instantaneamente pela internet e, graças à aeronáutica, fazer a volta no planeta em algumas horas. Além disso, a evolução espetacular das tecnologias de comunicação dá origem à revolução digital. Todo dia, milhões de comunicações e de transações são possíveis, sem limites territoriais, sem fronteiras, sem censura. É evidente que as trocas de informações existem há muito tempo, mas nunca foram tão rápidas e tão numerosas. Jean-Claude Guillebaud, grande jornalista e escritor francês, referindo-se a esse novo modo de comunicação, fala da criação de um novo continente, um continente virtual sem governo e sem controle onde se realizam cada vez mais transações e trocas[9]. É o advento da "aldeia global" propalada anteriormente por McLuhan[10].

A partir daí, os países mais poderosos são capazes de acelerar suas intervenções. No verão de 1979, o presidente da Reserva Federal americana[11] aumenta radicalmente as taxas de juro e durante o mesmo período os Estados Unidos adotam uma nova política monetária, que provoca uma mudança importante na política monetária mundial. Os fluxos financeiros, até então fortemente regulamentados em bases nacionais, experimentam rápidas desregulamentação e internacionalização. A proliferação das inovações financeiras, o contágio das medidas de liberalização e a elevada mobilidade que possibilita a transmissão das tecnologias modernas e o tratamento das informações transformam consideravelmente as condições de funcionamento dos mercados das bolsas de valores, dos títulos públicos e das reservas de mercado. Na esperança de uniformizar as regras do jogo econômico e financeiro, os promotores da globalização econômica incitam uma adesão universal às regras de um novo liberalismo, particularmente em prol de uma maior desregulamentação e de um desenclausuramento[12]

---

9. Jean-Claude GUILLEBAUD, *La force de conviction*, Paris, Seuil, 2005 [ed. br.: *A força da convicção*, trad. Maria Helena Kuhner, [S.l.] Bertrand Brasil, 2008].

10. Herbert Marshall McLuhan, professor emérito e especialista no campo das comunicações.

11. Nessa época, Paul Volker.

12. Anteriormente, os bancos, especialistas na gestão da poupança e do crédito, não podiam também vender seguro de vida ou seguro geral e tampouco operar na área dos

e uma desintermediação, chamados de regra dos três "D". Essas importantes flutuações obrigam a maioria dos países industrializados a acertar seus passos e se alinhar nessa corrida rumo à conquista dos mercados.

Ainda mais porque assistimos à queda das "cortinas de ferro" e à queda do famoso muro de Berlim. Regionalmente, resultou daí uma concorrência tão forte que exigia emergências: os consumidores são rápidos em fazer novas escolhas e em tirar vantagem dos novos serviços oferecidos pelas atraentes lojas de departamentos. Portanto, é preciso transformar rapidamente as empresas e adaptá-las às novas exigências da clientela. Pensa-se somente no presente, não há tempo para pensar no futuro. E as lições do passado parecem não ter utilidade nenhuma. O curto prazo torna-se a regra. Os proprietários de empresas têm que garantir a sobrevida de suas indústrias e de seus comércios; cabe aos trabalhadores proteger seus empregos.

Os governos, que já são grandes mutuários, tornam-se dependentes dos mercados financeiros, que exercem uma influência determinante sobre as políticas governamentais. Foi o caso, entre outros, dos Estados Unidos por ocasião da primeira campanha eleitoral do candidato à presidência Bill Clinton, quando ele se comprometeu em instaurar o seguro-saúde universal. As ameaças do mercado financeiro de privar esse grande país de financiamento colocaram um ponto final nesse projeto. Foi igualmente o caso, no Quebec, por ocasião da Cúpula Econômica de 1996, que tive o privilégio de presidir. Apesar da presença de todos os principais atores da sociedade quebequense, a maioria concordou com a recomendação do primeiro-ministro de reduzir os gastos para equilibrar o orçamento do governo (o "déficit zero"), não porque assim o desejava, mas porque os mercados financeiros assim o exigiam. Um ausente dessa grande Cúpula — o mercado financeiro — ditava as regras do jogo aos dirigentes de Quebec! O que equivale a dizer aos grandes observadores da evolução das sociedades que *os mercados financeiros se tornaram os novos donos do mundo*![13]

---

valores imobiliários. A desintermediação é o desaparecimento gradual dos intermediários. Trata-se de favorecer a venda direta dos produtos do produtor ao consumidor.

13. Jean ZIEGLER, *Les nouveaux maîtres du monde*, Paris, Fayard, 2002.

Pelo lado das empresas, seguiu-se uma série de racionalizações, exercícios de "reengenharia" ou de "racionalização" com o intuito de aumentar a produtividade por uma diminuição máxima dos custos de mão de obra. Assiste-se a uma onda de aquisições ou de fusões de empresas, de parcerias, de alianças. Todo mundo tenta ficar mais forte para enfrentar a concorrência. Os valores econômicos se revestem de toda importância. Ademais, o capital — e especialmente a especulação sobre o capital — se mune de uma nova importância. Agora, os lucros obtidos da especulação são muito mais importantes do que os lucros obtidos com a produção ou o comércio de bens e de serviços. O montante das transações dos mercados de câmbio (onde há troca de moedas) quintuplica entre 1980 e 2000 e atinge a 1.600 bilhões de dólares americanos por dia! E essas transações não têm nenhuma relação com o financiamento da produção e trocas de bens e de serviços. Segundo o Banco dos Regulamentos Internacionais (BRI), o montante das transações financeiras internacionais é cinquenta vezes mais importante do que o valor do comércio internacional voltado para as mercadorias e os serviços. A finança está em grande parte desconectada da produção. Ao mesmo tempo, a poupança se altera, já que os detentores de capitais estão menos interessados no desenvolvimento de sua comunidade do que no desenvolvimento de seus bolsos. Desse modo, o investimento só serve para o desenvolvimento local se bem utilizado... em prol do lucro individual! Essa corrida pela produtividade e pela rentabilidade, sem considerar a proteção dos empregos ou o desenvolvimento local, preocupa as populações: os empregos são precários e alto o nível de desemprego. A distância entre os ricos e os pobres se torna maior. Alguns falam mesmo em *globalização da pobreza*[14].

Assim como as empresas, os Estados procuram se agrupar. Em 1945, depois da Segunda Guerra Mundial, valendo-se de uma Europa enfraquecida, a conferência de Yalta divide o mundo em dois campos, um em torno dos Estados Unidos, outro em torno da União Soviética. Em 1986, a maio-

14. Michel CHOSSUDOVSKY, *La mondialisation de la pauvreté*, Montréal, Écosociété, 1998 [ed. br.: *A globalização da pobreza*, São Paulo, Moderna, 1999].

ria dos grandes países da Europa assinam o Ato Único com o propósito de criar um mercado comum. Em 1989, a dissolução da União Soviética levanta a "cortina de ferro" e abre as fronteiras, transformando o mapa mundial. Novas alianças são criadas: a Comunidade Andina em 1986, a África Austral na década de 1990, a conclusão do Mercado Comum Europeu em 1993 e a introdução de uma moeda única em 1999, sem esquecer o Acordo de Livre Comércio Norte-americano (ALENA), o Mercosul na América do Sul, o mercado comum do sul da América, ou na Ásia Oriental (AFTA) e a Zona de Livre Comércio Asiática (ANSEA). Assistimos, portanto, à busca por parte dos dirigentes políticos de um novo equilíbrio geopolítico. Na verdade, desde a Segunda Guerra Mundial uma centena de acordos de integração foram firmados, na maioria das vezes entre países pertencentes a uma mesma região[15]. Nesses últimos anos, as mudanças foram tão rápidas que não podemos fazer nenhum prognóstico quanto ao mapa futuro do mundo no que se refere às relações econômicas e políticas. Nesse estágio da evolução da globalização, parece conveniente aos países, ao menos no plano econômico, reunir as forças continentais.

Sem ter sido pensado, mas devido à força dessa nova influência, o "mercado" ocupa um lugar preponderante.

As promessas da globalização

Desde os primeiros sinais de aceleração da globalização, a publicidade que cerca o fenômeno tende a tranquilizar as populações com certas previsões. Eu as resumo:

— a aceleração da globalização possibilitará uma circulação mais eficaz e uma acessibilidade maior dos bens, em todo lugar e para todos. E, segundo a teoria do liberalismo, essa abertura das fronteiras garantirá o aumento da concorrência, garantia de preço justo para os

15. Texto de Frédérique SACHWALD, in Serge CORDELLIER (dir.), *La mondialisation au-delà des mythes*, p. 134.

consumidores. E graças a essa rotatividade acelerada da economia poderão ser criados empregos em maior número, possibilitando o crescimento da riqueza global;

— com a aceleração da globalização favorecendo o comércio entre as nações, as guerras seriam erradicadas;
— além das vantagens econômicas para o consumidor, a abertura das fronteiras, a livre circulação das pessoas e o acesso a todos mercados permitiriam uma maior fraternidade no mundo;
— graças à abertura das fronteiras e à internacionalização da finança e da economia, todos os países, e potencialmente os países em desenvolvimento, se beneficiariam da alocação dos capitais;
— assim, uma nova solidariedade mundial surgiria e a riqueza seria mais bem distribuída;
— e, finalmente, essa nova liberdade no plano econômico contribuiria para o estabelecimento de uma democracia universal para que no mundo todo as minorias cessassem de dominar a maioria.

Em resumo, uma visão de um mundo melhor onde o aumento do PIB (produto interno bruto) fizesse surgir o FIB (felicidade interna bruta) em prol de todos os povos. Em suma, alguns preveem um mundo solidário, que corresponderia aos valores de uma ética do bem comum. Para outros, essa visão é utópica; a globalização sendo principalmente econômica, somente as boas escolhas são válidas. Como escreve Guy Sorman, "podemos considerar que existe entre os economistas um consenso sobre a eficácia superior da economia de mercado, sem dúvida sem alternativa. Um final de história que irrita os idealistas e os ideologistas: eles sonham com um mundo mais justo, mais espiritual e mais verde"[16]. De fato, segundo Sorman, a humanidade viverá, a partir de agora, em economias e não em sociedades.

---

16. Guy SORMAN, *L'économie ne ment pas*, Paris, Fayard, 2008, p. 9 [ed. br.: *A economia não mente*, São Paulo, É Realizações, 2008].

Esperanças frustradas

Com o passar dos anos, muitos perdem a esperança. As promessas de um mundo melhor demoram a ser concretizadas. Primeiramente, as mais importantes instituições políticas internacionais não produzem os resultados esperados. Efetivamente, a ONU desempenha um papel crucial de coordenação das atividades e das informações sobre o estado da situação mundial, mas suas decisões ou recomendações não são mais exequíveis. Elas dependem da boa vontade de seus membros e particularmente da vontade das grandes potências. As instituições econômicas internacionais (o Fundo Monetário Internacional e o Banco Mundial) são fortemente contestadas pelos países pobres e também por alguns altos dirigentes demitidos dessas entidades[17]. As reformas propostas ficam estagnadas. Essas barreiras revelam a dificuldade de instaurar uma verdadeira democracia e uma solidariedade mundiais. Boutros Boutros-Ghali, secretário-geral das Nações Unidas de 1992 a 1997, declarou, alguns anos após o final de seu mandato: "É preciso, a todo custo, democratizar a globalização antes que a globalização deforme a democracia e antes que surjam novos conflitos, dos quais os atentados de 11 de setembro de 2001 poderiam ser o funesto presságio".

Esperança de uma maior fraternidade no mundo? Apesar da publicidade e das previsões promissoras, há um consenso atualmente de que a abertura das fronteiras não significa maior fraternidade. Ao contrário. As armas são cada vez mais acessíveis e as guerras cada vez mais mortíferas. As regras internacionais que anteriormente regiam as guerras não são mais respeitadas. As guerras não constituem mais confrontos entre militares, porém têm por alvo as próprias populações, inclusive crianças. Às vezes, chegam até a ser guerras fratricidas! Agora, elas são empresas de destruição dos territórios e das vidas de inúmeros cidadãos e cidadãs. Como se a vida não tivesse mais importância... Camicases que não titubeiam em matar inocentes ao preço de suas próprias vidas! Surgem novos desafios: o estabelecimento de uma

---

17. Jean ZIEGLER, *Les nouveaux maîtres du monde*; Joseph E. STIGLITZ, *La grande désillusion*, Paris, Fayard, 2002.

paz duradoura, uma verdadeira democratização do mundo, o controle da imigração maciça em certos Estados, o controle da espionagem, a adaptação a um novo cosmopolitismo[18], o aprendizado de uma nova vida coletiva miscigenada, a flexibilização das crises identitárias etc. Sem esquecer essa nova guerra que é o terrorismo. Consequência? Cada vez mais as fronteiras se fecham ou ficam sujeitas a controles mais rígidos. Pela primeira vez em sua história, os canadenses têm que usar passaporte para entrar nos Estados Unidos!

Aumento da produção de bens e serviços? Sim, a produção de bens e a oferta de serviços estão em alta, assim como as exportações. As importações também. Os bens fluem mais facilmente do que antes. No entanto, essa distribuição acelerada dos bens não beneficia a todos, mas principalmente aos que têm meios para adquiri-los, relegando à pobreza e à exclusão uma boa parte das populações. É desse modo que em 2008, apesar de uma produção mundial abundante, falou-se de escassez alimentar!

Aumento da riqueza? Sim, certamente, a globalização permite a criação de novas riquezas. O produto mundial bruto duplicou em menos de uma década e o volume do comércio mundial triplicou. Pelo estágio alcançado pelos meios de produção agrícola, a Terra poderia alimentar normalmente doze bilhões de seres humanos. Mas essas novas riquezas, qualificadas de "glória da globalização", embora necessárias para o progresso da sociedade, não são, no entanto, divididas equitativamente. Sim, é verdade, graças à globalização, alguns países antes pobres tornaram-se ricos, como a Índia e a China. O que não evitou a pobreza interna desses países. Se hoje em dia há menos países pobres — pelo menos no hemisfério Norte do planeta —, há inúmeros excluídos em todos os países e a distância entre os ricos e os outros não para de aumentar. Hoje em dia, fala-se mesmo de *globalização da pobreza*[19].

---

18. No livro publicado em 2003 pela Alto-Aubier, intitulado *Pouvoir et contre-pouvoir à l'ère de la mondialisation*, o economista alemão Ulrick Beck concluiu que o cosmopolitismo é sem dúvida a grande ideia do século XXI.

19. Michel CHOSSUDOVSKI, *La mondialisation de la pauvreté*.

Melhor alocação dos capitais? O valor das 225 maiores fortunas do mundo representa o equivalente ao rendimento anual de 47% das pessoas mais pobres da população mundial, ou seja, 2,5 bilhões de pessoas. Simples indivíduos são agora mais ricos que os Estados[20]. O jornal *The Guardian* de 10 de dezembro de 1993 fazia essa pergunta: "Qual é a diferença entre a Tanzânia e Goldman Sachs? Um é o país africano e ganha 2,2 bilhões de dólares ao ano e os divide entre seus 25 milhões de habitantes. O outro é um banco de investimento que ganha 2,6 bilhões de dólares e os distribui essencialmente entre 161 pessoas"[21]. Quinze anos mais tarde, sabemos que essas disparidades ainda estão presentes — e até mesmo crescentes. Ou seja, a aceleração da globalização no plano econômico e financeiro produz mais perdedores do que ganhadores. A globalização só é verdadeiramente boa para uma minoria. Ela propicia fortunas colossais. A renomada revista bimestral francesa *Manière de voir*, que reúne os melhores artigos do *Monde diplomatique*, fez um estudo intitulado "L'international des riches". Nele ficamos sabendo que nos Estados Unidos 1% dos americanos detém unicamente para eles um terço do patrimônio nacional. Em 1995, "bastava" ter 418 milhões de dólares para encabeçar a lista dos americanos mais ricos. Hoje em dia, ela só é acessível aos biliardários[22]. Em dez anos, a quantidade de biliardários multiplicou por cinco, com incrementos na Rússia, na Índia, na China, na Turquia — país onde a pobreza domina e as desigualdades aumentam. O Programa das Nações Unidas para o Desenvolvimento, em seu relatório 2007-2008, indica que os 40% da população mundial que vivem com menos de 2 dólares americanos por dia recebem 5% dos rendimentos mundiais. Os 20% mais ricos reúnem três quartos desses rendimentos.

---

20. *Manière de voir — Le monde diplomatique* (jun.-jul. 2004).

21. Richard LANGLOIS, *Pour en finir avec l'économisme*, Montréal, Boréal, 1995, p. 75.

22. A revista *Manière de voir* cita sua fonte: Robert FRANK, *Richistan.* A Journey through the American Wealth Boom and the Lives of the New York Rich, New York, Crown Publishers, 2007; Cap GEMINI e Merrill LYNCH, *World Wealth Report 2007.*

No Canadá, de acordo com um recente relatório da OCDE[23], o abismo entre ricos e pobres cresceu consideravelmente nos dez últimos anos, em parte devido às despesas sociais do governo canadense, que são inferiores à média dos países desenvolvidos. Trata-se da inversão de uma tendência estabelecida ao longo das duas últimas décadas. O relatório indica que as taxas de pobreza e de baixos rendimentos aumentaram entre 1995 e 2005 e superaram a média dos trinta países-membros da organização. A OCDE atribui parcialmente essa defasagem crescente às políticas de gastos do governo canadense, que consagraria menos dinheiro ao desemprego e aos subsídios familiares do que a maioria dos países da OCDE. Além disso, a tributação e a redistribuição não diminuiriam as desigualdades como nos outros países.

Por seu lado, o sistema econômico favorece os mais ricos, fiéis e rentáveis consumidores. Estes se beneficiam mais do que os outros dos descontos nas compras em grande quantidade ou de qualquer outra forma de vantagem. Como um menos favorecido pode desembolsar a quantidade devida para desfrutar de um desconto e desse modo fazer certa reserva de alimentos ou de bens domésticos? Isso é apenas possível para o mais rico. O mesmo acontece com a maioria das instituições financeiras. O pequeno depósito rende menos do que um grande depósito. O pequeno empréstimo é recusado e orientado para os cartões de crédito, com taxas de juros muito altas. Custa caro ser menos favorecido... Além disso, as grandes fortunas sofrem menos do que os outros com a queda dos mercados de ações. Em 2001, o jornal *Le Devoir* trazia em sua manchete: *As grandes fortunas continuam a crescer apesar da queda dos mercados da bolsa*[24].

Acrescentemos que os efeitos normalmente benéficos de uma verdadeira concorrência no que diz respeito ao controle dos preços e à qualidade dos produtos são menos evidentes, já que as novas regras do jogo permitem às empresas controlar maiores porções dos mercados com a criação

23. *La Presse Affaires*, 21 out. 2008. De acordo com o comunicado da Agência France-Presse.

24. *Le Devoir*, 15 maio 2001, Section Économie (segundo um estudo da firma Merrill Lynch e Cap Gemini Ernst & Young).

de quase monopólios, em contradição com os ensinamentos elementares do neoliberalismo e do capitalismo. Um dos méritos mais comuns atribuídos ao liberalismo econômico é o ajuste dos preços pela concorrência em um mercado livre. No entanto, atualmente vivemos o contrário, o que leva o grande economista americano Immanuel Wallerstein a dizer[25] que o capitalismo mudou de fisionomia, e que procura criar mais monopólios do que concorrência. Lembremo-nos dos setores do aço, do automóvel, da mídia e de todas as megafusões de empresas que surgem a todo momento. Ademais, os grandes distribuidores de produtos fazem eles mesmos a escolha dos produtos disponíveis, o que torna os produtos locais e artesanais dificilmente acessíveis.

Quanto à universalização da democracia, as opiniões são divididas, dependendo da ideia que se faz de democracia. Para aqueles que pensam que a democracia é apenas um simples mecanismo eleitoral que torna possível a eleição periódica dos governantes e legisladores, a globalização traz uma contribuição útil, pois ela permite a um número maior de países alinhar-se entre as democracias segundo suas próprias regras. A democracia, portanto, toma várias formas, inclusive a de simulacro de democracia — uma democracia de partido político único ou com eleições controladas.

Para alguns economistas neoliberais, a economia é a base da organização da sociedade e a democracia não é essencial ao desenvolvimento[26]. Como prova, segundo eles, durante o período da ditadura do general Pinochet o Chile se desenvolveu mais rapidamente do que seus vizinhos, e o Japão desenvolveu-se sob um regime totalitário, assim como a China atualmente. Assim, o Estado, excluído das questões econômicas, só teria utilidade quando fosse necessário superar crises. Guy Sorman conclui: "A democracia, talvez inútil no crescimento, supera os imprevistos; ela atua como redutora das incertezas"[27].

---

25. L'économie repensée, *Ressources Humaines* (entrevista com Immanuel Wallerstein).

26. Entre eles, o professor Rodrick (turco) e o professor Acemoglu (armênio), da Universidade Harvard.

27. Guy SORMAN, *L'économie ne ment pas*, p. 45.

Em compensação, para aqueles que pensam que a democracia é *o governo do povo, pelo povo e para o povo* e que se recordam das origens da democracia, isto é, a vontade de acabar com a dominação de uma minoria sobre as maiorias, a globalização é uma ameaça, pois ela favorece a concentração dos poderes e torna as populações impotentes no sentido de influenciar na organização de suas vidas como cidadãos.

O desafio democrático é o de uma gestão em que as pessoas possam ser ouvidas no momento de decidir quais são as regras mais adequadas aos interesses da sociedade. A democracia é tímida quando permite a uma pequena elite no poder, que se reúne às escondidas, continuar a definir as regras do jogo longe dos olhares do público.

A ruptura de um necessário equilíbrio

Globalmente, a teoria do livre comércio, preconizada por grandes economistas americanos, torna-se o princípio fundador da organização da vida econômica e sobretudo financeira. Segundo essa teoria, "a mão invisível" da oferta e da procura, portanto dos mercados, seria mais justa e mais eficaz do que as intervenções do Estado. Há mesmo o desejo de que o Estado se abstenha de intervir para regulamentar a atividade dos mercados. Mas alguns apresentam sutilezas. Como Hillary Clinton, diante das elites mundiais, em Davos, na Suíça, em 1998:

> Sem dúvida alguma, quando se trata de economia, a ênfase é sobre a importância e o significado do livre mercado. E creio, de fato, que nesse final de século todas as incertezas relativas à eficácia da organização econômica induzida pelo livre mercado, finalmente, desapareceram. Provavelmente é uma das mais marcantes conclusões desse século a de ter compreendido que a capacidade de criar empregos, rendimentos e riqueza, e de favorecer o investimento, tudo isso vinha do livre mercado.

Esse é certamente o credo americano, resultante da globalização. No entanto, Hillary Clinton assustou alguns economistas e grandes financistas da época quando acrescentou:

Paralelamente, penso também que hoje em dia reconhecemos que temos necessidade de Estados competentes, eficientes e funcionais. Governos que não sejam nem opressores, fortes ou autoritários, e tampouco, ao contrário, fracos a ponto de serem incapazes de fornecer produtos e serviços para o bem comum de seus cidadãos e de desempenhar seu papel indispensável de parceiros do livre mercado.

Por que essa perspicácia? Porque um dos principais efeitos da aceleração da globalização é o rompimento do equilíbrio necessário dentro de uma sociedade entre os cidadãos e os poderes político e econômico, como dizíamos acima. Sobre isso, Hillary Clinton faz uma comparação com um banquinho:

> O conjunto (o político, a economia e a sociedade civil) forma, de certa maneira, um banco com três pés. Se ele tivesse apenas um pé, ou dois pés, mesmo muito sólidos, toda a estabilidade estaria comprometida. Qualquer que seja o poder das economias e dos Estados, nada se sustentará sem o dinamismo e a vitalidade da sociedade civil. Razão pela qual é útil considerar bem as inter-relações existentes entre economia, Estado e sociedade civil[28]...

Se hoje em dia pode parecer exagerado pretender que as sociedades atuais se apoiem apenas em um único pé — o pé econômico —, no entanto é impossível negar que se trata do pé mais forte, pois ele se encontra nas mãos dos mais poderosos no sentido de seus importantes capitais e do poder de controle[29]. Esse poderio se beneficia do crescimento da economia. E sem crescimento do consumo não há crescimento da economia e menos rendimento para os empresários e para o Estado. Os poderes econômico e político, desde então, incentivam o consumo — e por que não o superconsumo? A mensagem da necessidade do consumo para evitar o colapso da economia é dirigida à massa das pessoas preocupadas com

---

28. Hillary CLINTON, *Civiliser la démocratie*, Paris, Desclée de Brouwer, 1998, p. 25.
29. Refiro-me aqui ao quase monopólio de várias megaempresas. Os centros comerciais da maioria dos países industrializados exibem os mesmos estabelecimentos comerciais.

sua sobrevida e interessadas na aquisição de uma variedade de produtos, garantia de felicidade segundo a promessa dos comerciantes. De acordo com Benjamin Barber, o capitalismo, por seu incentivo ao consumo desenfreado, infantiliza as pessoas: "Nesses tempos irrisórios de triunfo do capitalismo, onde nos precipitamos num narcisismo consumista, as sete idades do homem shakespeariano correm o risco de se igualar a uma vida completamente pueril"[30].

Esse objetivo de consumo constante e progressivo anda junto com o da maximização dos lucros e do rendimento sobre o capital dos investidores. A tal ponto que ele aparece como uma forma de exploração de uns pelos outros. De fato, o *superavit* adicionado ao preço de custo da produção de um bem ou de um serviço constitui o que chamamos de lucro. Se os lucros são exagerados, foi porque o consumidor consentiu ou foi obrigado, devido à escassez do objeto de compra, a pagar um preço "exagerado". A ética do lucro e do mercado não condena a maximização dos lucros. Inúmeras empresas existem apenas para maximizar os lucros e o rendimento do capital, embora não faça tanto tempo assim a missão das empresas estivesse voltada sobretudo para a ética do bem-estar comum. Aliás, mesmo agora, cada vez mais as empresas se preocupam em ser empresas cívicas, como veremos no próximo capítulo. Mas assim mesmo estamos longe da perspectiva de uma empresa dando prioridade ao serviço das coletividades. Estamos bem afastados do pensamento social dos anos 1950 em que o sindicalismo em Quebec era o fomentador da chamada "reforma da empresa", que possibilitava a participação de todos os assalariados na propriedade, na gestão e nos privilégios de sua empresa. Desse modo, dizia-se nessa época, os patrões não seriam os únicos privilegiados com a atividade econômica, a luta de classes perderia a razão de ser, enquanto os trabalhadores, sendo capazes de definir seus próprios benefícios sociais, tornariam o Estado providência praticamente inútil. Era o período

30. Benjamin BARBER (professor de ciências políticas na Universidade de Maryland e especialista da sociedade civil), *Comment le capitalisme nous infantilise*, Paris, Fayard, 2007, p. 11.

em que o valor da igualdade procurava penetrar em todas as esferas da atividade humana. Era igualmente a época em que as empresas cooperativistas tomavam impulso e progrediam, respeitando esses valores de igualdade entre os membros da empresa.

O imperativo do lucro incita as multinacionais a aproveitar a abertura completa dos mercados tanto regionais quanto locais, nacionais ou internacionais[31]. Ele influencia os comportamentos dos produtores e dos comerciantes e transforma as diferentes políticas das empresas, em particular as relativas à gestão de recursos humanos, tais como as políticas de dotação, de remuneração, de dispensa e de segurança dos empregados, bem como da aposentadoria do pessoal. Por exemplo, a política de admissão dos empregados estimula a posição do empregado temporário, o que é cômodo para a empresa, pois essa política permite aumentar ou reduzir o pessoal ao ritmo do crescimento ou da retração das atividades da empresa. Quanto às políticas de remuneração, já há alguns anos, como se sabe, a defasagem entre os salários dos empregados e os dos patrões é cada vez maior, o que é vergonhoso.

Acrescentemos a isso que antes as empresas contribuíam para o desenvolvimento local ou regional por sua filiação a um determinado meio. Agora, guiadas unicamente pelo lucro máximo, elas optam, às vezes, pela mudança de endereço, à procura de mão de obra barata e de um local onde o tratamento fiscal seja favorável ou inexistente. Essas decisões, evidentemente, as eximem de sua responsabilidade de empresas "cidadãs", sendo a rentabilidade do acionista a causa mais frequente dessas decisões.

Os efeitos da aceleração da globalização são, portanto, importantes, tanto para os empreendedores, os administradores, os acionistas e os empresários quanto para os consumidores-cidadãos.

A globalização é boa ou ruim?

Originalmente, os objetivos da globalização eram seguramente bons: priorizar as trocas econômicas vantajosas para o desenvolvimento local,

31. Luc BONNEVILLE, *Dictionnaire critique de la mondialisation*, p. 24.

respeitar o meio ambiente natural e cultural e abrir o caminho para uma real democracia, ideias que pareciam proveitosas para todo o mundo. Como é do conhecimento de todos, a descentralização é a defesa mais eficaz contra a dominação de uma minoria sobre a maioria. Ela é sinônimo de democracia regional, que é o melhor meio de reintegrar os cidadãos na vida política de sua comunidade, de incutir-lhes responsabilidade e de induzi-los a trabalhar conjuntamente para o estabelecimento de uma ética do bem-estar comum. Mas em um mundo de livre comércio voltado para as grandes metrópoles e para as megaempresas multinacionais, sem fronteiras nem territórios, os cidadãos, em diversas regiões de Quebec e do mundo, sentem-se sobretudo impotentes. Somente uma globalização voltada para o desenvolvimento da totalidade de territórios poderá incitá-los efetivamente a implementar as soluções para os desafios do mundo futuro.

Como diz Guy Roustang[32], especialista nessas matérias, se a questão é a da globalização em sua forma atual, ela está fadada ao fracasso, pois só é proveitosa para alguns. Os recentes acontecimentos de 2008 — crises alimentares e crise imobiliária e financeira americana de efeitos mundiais — são concludentes a esse respeito. Dessa perspectiva, a globalização é ruim. De fato, ela não é propícia às trocas econômicas de proximidade. Ela não consegue respeitar o meio ambiente natural (apesar dos esforços de numerosos empreendedores e cidadãos sobre isso), tampouco o meio ambiente cultural, pois ela causa sobretudo certa banalização das culturas e das línguas. Ela constitui também uma ameaça à democracia por causa das inúmeras decisões tomadas em locais distantes e muitas vezes desconhecidos, assim como em razão da impotência dos cidadãos para influenciar as decisões que afetam suas vidas.

À espera de uma democratização da globalização, podemos afirmar que da perspectiva utilitária ela é boa para aqueles que se beneficiam dela, ruim para aqueles que sofrem com ela, neutra para aqueles que não são

---

32. Guy Roustang, *Démocratie: le risque du marché*, Paris, Desclée de Brouwer, 2002.

afetados por ela, o que é mais raro. Ela é nociva também por causa de suas tendências atuais, na medida em que avilta o homem enquanto animal racional — o *homo sapiens* —, servindo-se fortemente do animal obediente aos seus instintos e emoções — o *homo economicus*. O indivíduo tem o sentimento de ter perdido sua condição de cidadão e de ser apenas um consumidor ou um beneficiário do Estado. A globalização recorre menos à sua razão ou à sua inteligência do que às suas paixões.

A globalização é também ruim porque mantém a desigualdade entre as nações. Em seu impressionante estudo sobre a riqueza e a pobreza das nações, David S. Landes[33] se preocupa com essa desigualdade. Ele escreve: "A desigualdade entre nações ricas — pouco numerosas — e nações pobres — a maioria — é um dos mais inquietantes problemas da nossa época".

Abandonar o papel do Estado?

A teoria do livre mercado como princípio fundamental da organização da vida econômica e financeira contribuiu para escândalos de grande repercussão, particularmente nos Estados Unidos, com o consequente empobrecimento de grande quantidade de empregados de empresas e de investidores[34], e com as crises financeiras e econômicas recorrentes causando turbulências em todos os continentes. Anteriormente alto funcionário do governo de Quebec e vice-presidente de uma instituição financeira quebequense durante anos, Louis Bernard escreveu sobre a teoria americana do livre mercado:

> Embora essa teoria tenha sido alvo de várias críticas por economistas renomados, e embora numerosas outras crises tenham sido criadas, embora cada vez mais lacunas tenham surgido, principalmente na injusta divisão dos benefícios entre os ricos e os pobres, essa teoria con-

33. David S. LANDES, *Richesse et pauvreté des nations*, Paris, Albin Michel, 2000 [ed. br.: *A riqueza e a pobreza das nações*, [s.l.] Campus, 1998].

34. Por exemplo, a falência da Enron, uma grande empresa americana, em decorrência das fraudes cometidas por seus altos executivos.

> tinua a ter tenazes defensores, sobretudo, evidentemente, nos meios que lucram mais com o sistema. O mercado, dizia-se, pode se corrigir por ele mesmo, o Estado não deve intervir. Era negar o óbvio e se precipitar para a catástrofe. Mesmo os promotores da supremacia do mercado como George W. Bush e Hank Paulson foram obrigados, a despeito deles, de finalmente reconhecer[35].

O que o leva a concluir: "É preciso desistir de querer colocar o mercado acima do Estado e aceitar que é, ao contrário, o Estado que deve ficar acima do mercado". Contanto, naturalmente, que o Estado seja o protetor dos valores de uma ética do bem-estar comum.

Após cerca de trinta anos desse novo regime neoliberal, a globalização não esteve à altura do prometido pela publicidade que a envolvia[36]. Quanto mais avançamos no tempo e sobretudo a partir do desastre do último trimestre de 2008, mais essa enorme liberalização mostra suas fraquezas como princípio organizador das sociedades.

Uma melhor compreensão das causas e dos efeitos da aceleração da globalização permitiu ao meio cooperativo, do qual faço parte, responder às questões suscitadas por esse fenômeno: sim, a globalização é inevitável. Ela pode ser boa, desde que suas elites reconheçam o restabelecimento de um equilíbrio dos poderes político, econômico e cidadão. Desde que igualmente o Estado se situe acima do mercado e desempenhe o papel de protetor dos valores da sociedade. Desde que a sociedade civil seja composta de indivíduos que tenham retomado sua condição de cidadãos pela prática de uma democracia viva e real. Meus colegas do mundo cooperativo e eu mesmo concordamos com essa constatação do professor Ronald Babin, titular do Departamento de Sociologia da Universidade de Moncton, que recentemente escreveu que "o problema no cerne do processo neoliberal de globalização e de liberalização total do comércio é menos um modo de produção do que o triunfo, para alguns, de um modo de desenvolvimento

---

35. Louis Bernard, Lettre ouverte, *La Presse*, 2 out. 2008.

36. John Cavanagh, Jerry Mander (dir.), *Alternatives à la globalisation économique*, Montréal, Écosociété, 2005.

e de um transtorno maior que vêm acompanhados da destruição dos diversos modos de controle político e social da economia"[37].

Dentro desse contexto são desenvolvidas necessariamente dinâmicas de oposição crescentes junto às populações que sofrem os efeitos dessas mudanças. Na verdade, e podemos comprovar isso, essas oposições são numerosas. Elas provocam muitas reações, não somente denunciantes de tendências inaceitáveis para muitos, mas construtivas. Há alguns anos, em todos os continentes, grupos reagem ou se organizam para que o princípio organizador de suas sociedades não seja a exploração do homem pelo homem ou a luta pela vida, mas, em vez disso, a união a favor da vida, o *Um por todos e todos por um,* restabelecendo o equilíbrio entre o poder político, a economia e o cidadão.

---

37. Ronald BABIN, Réappropriation communautaire de la protection de l'environnement en Acadie, in Corinne GENDRON, Jean-Guy VAILLANCOURT (dir.), *Développement durable et participation publique*, Montréal, Presses de l'Université de Montréal, 2003.

3

As reações

Desde 1991, Michel Albert, autor de vários ensaios sobre pedagogia econômica, no livro intitulado *Capitalismo contra capitalismo,* anuncia o triunfo desse sistema econômico: "Pela primeira vez na história o capitalismo venceu verdadeiramente. Em todos os pontos. É uma questão resolvida. Talvez a maior questão do século"[1].

Ele se refere evidentemente à vitória do capitalismo sobre o comunismo e o socialismo de Estado. Mas, como europeu, ele não se sente confiante, pois observa a existência de visões e de diferentes práticas éticas entre as formas de capitalismo no mundo. O que o leva a prever "guerras ocultas, violentas, impiedosas, mas abafadas e mesmo hipócritas". Ele chega a prever lutas entre os sistemas de valores "quanto ao lugar do homem na empresa, ao lugar do homem na sociedade e ao papel da ordem legal na economia internacional. Sempre lamentou-se, a partir do fim das ideologias, a falta de debates. Agora, não há mais nada a lamentar"[2].

Dois anos mais tarde, dois pesquisadores europeus publicam um interessante estudo demonstrando a existência de sete culturas do capitalismo, ou, se preferirmos, sistemas de valores que subjazem à criação da riqueza, nos Estados Unidos, no Japão, na Alemanha, na França, na Inglaterra, na

1. Michel ALBERT, *Capitalisme contre capitalisme*, Paris, Seuil, 1991, p. 7.
2. Ibid., p. 23, 27.

Suécia e nos Países Baixos. Sete países capitalistas e sete sistemas marcados por diferentes valores em certos aspectos[3]. Esse livro foi escrito a partir das respostas de cerca de 15 mil diretores de empresas capitalistas no mundo.

De fato, apesar do triunfalismo dos arautos do neoliberalismo e de sua economia capitalista parcialmente liberada das regulamentações e dos controles impostos pelo Estado, constata-se que o capitalismo tem várias fisionomias. Apesar da aparente unanimidade, diferentes sistemas de valores se opõem. O neocapitalismo americano, obviamente o mais liberal, busca impor seus valores e suas práticas. Os conflitos revelados na última campanha eleitoral americana demonstraram até que ponto uma boa parte da população americana e de seus dirigentes políticos se opunha à redistribuição da riqueza e às políticas muito generosas de assistência aos menos favorecidos. Para eles, trata-se de regimes amplamente refutados: o socialismo e o comunismo. Eles insistem na liberdade como condição da maximização da produção de riquezas e na consagração do livre mercado como ferramenta de desenvolvimento para um mundo melhor. Eles não aceitam nenhuma forma de coletivismo, cada indivíduo é responsável por seu destino. Para eles, qualquer intervenção financeira junto às empresas ou às instituições financeiras é uma forma de socialismo, o que eles rejeitam formalmente. Em outubro de 2008, os representantes republicanos na Câmara dos representantes dos Estados Unidos se opuseram, inicialmente, a qualquer implicação do Estado em um financiamento destinado às instituições financeiras em dificuldade. Em seguida, diante dos riscos do agravamento da crise, eles mudaram de opinião. Finalmente, eles aceitaram, porém sem muita convicção, intervir financeiramente, e isso em plena campanha eleitoral!

Em outros países capitalistas, em oposição aos Estados Unidos, é atribuído um papel ao Estado, que impõe normas à liberdade dos mercados e exerce poderes de supervisão e controle. Programas de ajuda financeira aos desfavorecidos são adicionados aos planos de seguro-saúde. Esses paí-

---

3. Charles HAMPDEN-TURNER, Alfons TROMPENAARS, *The Seven Cultures of Capitalism*, New York, Doubleday, 1993 [ed. port.: *As sete culturas do capitalismo*, Lisboa, Instituto Piaget, 1999].

ses ainda são fomentadores do liberalismo e do capitalismo, porém equilibrado e moderado por certas medidas sociais. Quebec é um bom exemplo desse capitalismo moderado. Há alguns anos os diferentes governos propuseram numerosos programas de ajuda aos desfavorecidos. Em novembro de 2008, o governo liberal concedeu uma ajuda substancial, de 16 milhões de dólares, para a Pasta da economia social, contribuindo para o desenvolvimento das empresas sob controle democrático. O que levou a ministra Nathalie Normandeau a dizer: "Nesses tempos de crise financeira, o importante é voltar-se para a economia social...". De fato, há anos os efeitos negativos da globalização incitam grande parte da população, os chamados *altermundialistas* ou os *social-democratas,* a se encarregar da criação de uma economia local que atenda às necessidades das pessoas. Felizmente, assim como existem subvenções para as empresas tradicionais — mesmo para as maiores e mais ricas —, são previstas medidas de ajuda financeira para as empresas da economia social.

O confronto de dois campos

Como reação aos efeitos da aceleração da globalização, intelectuais, gurus da administração, políticos, filósofos, sociólogos, politólogos continuam a avaliar, através de várias publicações, os impactos atuais e futuros dessa mudança do mundo e divulgam amplamente os resultados de suas pesquisas e suas reflexões. Surgem duas tendências principais. De acordo com alguns, uma vez que a globalização é inevitável, é importante acelerar o desenvolvimento do liberalismo, minimizar os obstáculos para o êxito das empresas e midiatizar os sucessos mais performáticos, de modo a estimular a produtividade dos outros e incentivar o empresariado. Se esse objetivo, de uma maior produtividade, fizer algumas vítimas, será o bastante, para a caridade pública, atenuar a miséria dos perdedores, no entanto sem exagero, para não que eles não venham a ficar à mercê da dependência do Estado ou da eterna caridade dos vencedores. Outros, mais numerosos, pensam de maneira diferente. Levando em conta a natureza humana, eles julgam que qualquer forma de monolitismo é arriscada e que não é prudente apostar somente na liberdade do poder econômico. Sim à liberdade, eles dizem, mas não sem invocar a razão das pessoas e sem abrir o caminho para uma sociedade mais igualitária.

Em suma, dois campos se opõem e sugerem soluções diferentes. De um lado, o neoliberalismo e o capitalismo com suas culturas cambiantes; de outro lado, o capitalismo moderado e a social-democracia. Duas concepções diferentes: a primeira baseada na ética do lucro e do mercado, a segunda baseada na ética do bem-estar comum. Para uns, o ser humano vive sobretudo nas economias. Para outros, o ser humano vive sobretudo em sociedade. De um lado, a economia liberal; de outro, a economia social e solidária. Dois campos ativos e que defendem ardentemente seus pontos de vista. Atualmente, cada campo organiza seu grande encontro anual. Todo ano, em fevereiro, na Suíça, em Davos[4], grandes financistas, grandes comerciantes e alguns chefes políticos dos países ricos, promotores do neoliberalismo, se reúnem, protegidos por seguranças armados, e fazem o balanço da situação do mundo, enquanto no Brasil, em Porto Alegre[5], mais de 70 mil participantes e simples cidadãos[6] se reúnem por ocasião do agora chamado Fórum Social Mundial com o objetivo de coordenar e unir seus esforços para humanizar a economia e repor o homem no centro de suas preocupações. A diferença da frequentação dos participantes aos dois encontros e o contraste entre o calor brasileiro e a neve suíça são simbólicos da oposição entre as duas estratégias. Esses fóruns não são lugares de discussões ou de acusações. Eles servem sobretudo como guias de ação. Para os neoliberais, eles aproveitam para acertar os progressos do sistema dominante. Para os "solidários ou associacionistas", eles ajudam a vencer

---

4. Às vezes esse fórum se realiza em outro lugar. Em 2002 ele aconteceu excepcionalmente em Nova York.

5. Eles se reúnem sobretudo em Porto Alegre. Mas às vezes em outros lugares e também por ocasião dos encontros regionais.

6. Número estimado por Mario Soares, político português. Apud Gianni MINÀ (dir.), *Un meilleur monde est possible*, Paris, Danger Public, 2004, p. 283.

"esse culto da impotência"[7], essa perniciosa ideologia segundo a qual as tendências da modernidade são imutáveis e encarnam um destino contra o qual é inútil lutar. Eles promovem a mobilização de todos aqueles e aquelas que desejam um mundo melhor.

Os neoliberais

O liberalismo, tanto político quanto econômico, surgiu no século XVII, no momento da primazia do Estado contra a antiga dominação imperial e papal e enquanto se infundia a ideia de uma autoridade política baseada no poder civil e não na herança do poder divino. Fundamentalmente, tratava-se de uma nova doutrina, a da "liberdade"[8]. No entanto, com o passar do tempo, essa liberdade causa excessos e desigualdades sociais importantes, contradizendo a esperança de uma sociedade mais justa e mais equitativa. Então, surgem as doutrinas contrárias, mais radicais. O liberalismo se encontra confrontado com o totalitarismo e suas diversas formas (socialismo e comunismo, ditadura etc.). Essas ideologias se consideram a antítese do liberalismo: preconizam o controle do Estado sobre os grandes poderes, os poderes econômico e político, e mesmo o poder cívico, o que provoca excessos piores do que os do liberalismo. Após várias guerras, principalmente as frias, reprimidas pelas "cortinas de ferro", e das tentativas de revolta de certas populações, esses regimes totalitários acabam por se enfraquecer e finalmente desaparecem. Levantamento da cortina de ferro, queda do muro de Berlim... o que deixa o terreno livre para o fortalecimento do liberalismo e a reafirmação da importância da liberdade individual, da individualização das aspirações sociais e econômicas.

---

7. Michael ALBERT, *L'élan du changement*, Montréal, Écosociété, 2004, p. 168. Relatamos a expressão de Linda McQuaig que fala da síndrome TINA: *There is no alternative*. Ou seja, a situação do mundo seria uma fatalidade contra a qual nada podemos fazer.

8. *Dictionnaire de sciences politiques et sociales*, Paris, Sirey, 2004.

Mais tarde, sob a influência da globalização dos mercados, o liberalismo econômico adverte que ele se baseia nos direitos de propriedade privada e que todo indivíduo deve ser livre para criar uma empresa e vender produtos ou serviços, enquanto cada trabalhador é livre para oferecer sua força de trabalho em troca de um salário, e isso em um mercado livre cujos contratantes são supostamente iguais. Há a promessa de uma concorrência saudável, garantia de preços mais baixos para os consumidores. Uma maior liberdade do comércio e das transações financeiras é exigida, o poder político deve limitar-se a presidir um Estado de direito, a implantar e manter as condições favoráveis à concorrência por meio da adoção de legislações que garantam as bases do sistema local, ou seja, a liberdade individual, a propriedade privada e o livre mercado.

Esse liberalismo evolui ao longo do tempo, diante de uma concorrência ainda mais forte. O neoliberalismo reforça suas posições e sua crença no sucesso individual. Os neoliberais recorrem ao que eles consideram certo realismo e lembram que é preciso admitir que os pobres sempre existiram. Os pobres não devem privá-los das recompensas que eles merecem. Para que assim seja, o Estado, segundo eles, deve diminuir as subvenções aos desempregados e aos pobres ainda aptos a ganhar suas vidas. Entregues a eles mesmos, não se deixarão morrer e saberão tomar o leme de seus destinos. Essa visão é compartilhada por grande parte da população dos países influenciados pela ética neoliberal. Nos Estados Unidos, em 1996, uma política pública de redução das desigualdades de rendimentos obteve o apoio de menos de um americano entre três[9]. Dois anos mais tarde, de acordo com nova pesquisa, somente 23% dos americanos julgavam ser da responsabilidade do Estado "cuidar da sorte das pessoas muito pobres que não podem cuidar delas mesmas". Durante a convenção republicana de 1984, Phil Gramm explica a posição de seu partido, comparando a sociedade a um vagão de trem:

> Há duas categorias de americanos: aqueles que puxam os vagões e aqueles que se instalam sem pagar nada, aqueles que trabalham e pa-

---

9. Serge HALIMI, *Le grand bond en arrière*, Paris, Fayard, 2004, p. 73.

> gam seus impostos e aqueles que esperam que o Estado cuide deles. A locomotiva não anda mais: muitos passageiros descansam nos compartimentos enquanto outros alimentam as turbinas com seu trabalho carregado de impostos. Logo, é preciso que os ociosos e os parasitas desçam do trem para que os verdadeiros trabalhadores e os empreendedores possam viajar para longe de toda promiscuidade desmoralizante...[10].

Mais recentemente, por ocasião da campanha eleitoral de 2008, nos Estados Unidos, o candidato à presidência e a candidata à vice-presidência combateram arduamente os compromissos de seus adversários de ajudar as pessoas muito pobres nos Estados Unidos e de implantar um regime de seguro-saúde público.

Os militantes do neoliberalismo querem submeter as instituições e os comportamentos individuais a um exame crítico fazendo a seguinte pergunta: "O sistema proposto e minha conduta pessoal nesse sistema me são úteis ou vantajosos?". Se a resposta é positiva, eles concluem que o novo regime é bom e que o comportamento pessoal é adequado. Eles julgam que a visão humanista da escola dos solidários ou dos altermundialistas é generosa, porém nociva, pois traz o risco de entravar a produção da riqueza. Em vez disso, eles sugerem implantar o capitalismo integral tal qual concebido há mais de 500 anos e que Gérard Vindt define da seguinte maneira:

> O capitalismo é uma economia inclinada a fazer de todo consumo uma mercadoria, movida por empreendedores concorrentes, onde o capital possui e comanda os assalariados, onde a produção é submetida a princípios de rentabilidade e de lucro, necessitando de inovação, aumento do acúmulo do capital e aumento dos mercados, tudo dentro de um cenário institucional favorável[11].

Em nome da eficácia é preciso admitir uma hierarquia social na qual se encontram no mais alto grau aqueles que por seu poder econômico con-

---

10. Phil Gramm, convenção republicana em Dallas, agosto de 1984, apud Serge HALIMI, *À l'américaine*, Paris, Aubier, 2004, p. 301.

11. Gérard VINDT, *500 ans de capitalisme*, p. 6.

trolam e comandam os assalariados, quase à imagem dos tempos antigos do feudalismo, quando os senhores possuíam e comandavam seus servos. Pelo menos foram as conclusões tiradas pelos participantes de um encontro organizado por Mikhail Gorbatchev em sinal de reconhecimento pela criação em seu benefício de uma fundação por um grupo de ricos mecenas americanos em 1990. O tema de discussão proposto era ambicioso: "O futuro do mundo". Os participantes dessa importante reunião concluíram as deliberações com essa afirmação: "Daqui a alguns anos dois décimos da população ativa serão suficientes para manter a atividade da economia mundial".

Eles se perguntaram, então, como o quíntuplo afortunado da população poderia manter ocupado o resto supérfluo dos habitantes do planeta. De acordo com eles, a pressão crescente da concorrência impediria a participação das empresas nesse esforço social. Eles julgavam necessário lançar mão do voluntariado. Um professor universitário, presente a essa reunião, propôs o seguinte: "Poderíamos valorizar essas atividades vinculando-as a uma remuneração modesta, o que ajudaria milhões de cidadãos a manter a consciência de seu próprio valor".

Mas o que parecia mais provável aos patrões dos grupos industriais presentes era "que se veria logo, nos países industrializados, pessoas varrendo as ruas por um salário praticamente inexistente, ou aceitando empregos de domésticos em troca de um alojamento miserável".

E segundo o futurólogo John Naisbitt, a era industrial, com sua prosperidade de massa, no final das contas, é mais um "piscar de olhos na história da economia"[12] do que um flerte com a ideia de uma eventual solidariedade mundial.

Apesar dessas perspectivas, os neoliberais acreditam que o Estado deve evitar regular as empresas, seu papel deve se limitar a garantir a segurança das populações e administrar as infraestruturas necessárias ao funcionamento eficaz e harmonioso da sociedade. É preciso, segundo eles, apostar nos valores individuais, cada um sendo responsável por seu próprio

12. Hans-Peter MARTIN, Harald SCHUMANN, *Le piège de la mondialisation*, Paris, Solin/Actes Sud, 1997, p. 9-11 [ed. br.: *A armadilha da globalização*, 3. ed., Globo, 1998].

destino, com a soma dos sucessos individuais garantindo certo sucesso coletivo. Eles acrescentam: além disso, é preciso perseverar nessa aceleração recente da globalização. Por quê? Porque essas novas práticas econômicas já apresentam resultados: países antes considerados pobres (a China e a Índia) já atingiram a classificação de países ricos; além disso, a quantidade de bilionários aumenta no mundo e globalmente o crescimento econômico, embora instável e irregular, é bom. Ademais, esse cenário favorável deve, segundo os novos liberais, ser infundido como "pensamento único". E nesse aspecto o Estado tem um papel a desempenhar, o de ajudar o poder econômico dominante obrigando todos os atores econômicos a seguir as mesmas regras do jogo. De acordo com eles, seria injusto que outras formas de empresas adotassem regras diferentes que as eximiriam de certas obrigatoriedades legais ou que lhes facultassem certas vantagens. Por exemplo, a Comunidade Europeia, até recentemente, se interrogava sobre a pertinência das associações mútuas e mesmo das cooperativas em um mundo que deveria ser liberal. Até agora a União Europeia ainda não se pronunciou sobre essa questão. Em nome da liberdade — que os neoliberais defendem vigorosamente —, as pessoas não poderiam ser livres para criar empresas diferentes do modelo único! Procurem o erro...

Os social-democratas e associacionistas

A social-democracia, por sua vez, nasceu dos debates sobre o socialismo oscilante e da necessidade de aperfeiçoar o neoliberalismo e seu capitalismo. Os social-democratas toleram mal os excessos do neoliberalismo. Eles oferecem soluções para combater as tendências que aumentam as distâncias entre a distribuição da riqueza e os recursos planetários. Para isso, eles não rejeitam a propriedade privada dos principais meios de produção e não planejam a totalidade da economia de maneira autoritária, como sugerido por certas formas do socialismo. Ao contrário, os social-democratas preconizam a modernização da economia e da sociedade (para que a maioria aproveite as vantagens da evolução das ciências e dos conhecimentos), a organização de uma justiça social no contexto de uma constante mudança, assim como a participação na vida social dos mais velhos, dos trabalhadores, dos jovens e de todos aqueles e aquelas a quem a sociedade não oferece trabalho, para que obtenham uma justa parcela do produto social e possam participar das decisões que afetam suas vidas[13]. Resumindo, a social-democracia sustenta-se da preocupação do "viver melhor juntos" e busca um compromisso entre as classes sociais para estabelecer certa igualdade de direitos e de oportunidades para todos. Nesse sentido, o social-democrata favorece o desenvolvimento de serviços públicos e reconhece o papel do Estado para promover o estabelecimento de uma sociedade mais justa e mais equitativa. Ele procura limitar ou corrigir as desigualdades de distribuição da riqueza por suas próprias decisões e suas ações.

Em um sistema similar, é preciso conciliar três princípios fundamentais:

— a instauração de uma democracia participativa para garantir o exercício da cidadania;
— a introdução da democracia nas questões econômicas e financeiras ou, na sua falta, o reconhecimento de uma economia plural e certa moralização das empresas tradicionais;
— a igualdade de direitos e de oportunidades para todos.

Os social-democratas se preocupam com a aceleração das disparidades sem precedentes dos rendimentos e da riqueza entre países ricos e países pobres, assim como entre ricos e pobres no interior dos países. Eles consideram que as novas regras adotadas por ocasião da aceleração da globalização prejudicam consideravelmente a democracia, a justiça social e o planeta, pois estimulam o superconsumo dos recursos e, consequentemente, a degradação do meio ambiente[14]. Eles apelam a uma ética do bem-estar comum. Eles também invocam certo realismo: reconhecendo que sempre existiram pobres, afirmam, todavia, que graças ao progresso moderno já está na hora de erradicar essa pobreza, e todo mundo, dentro

13. J. BRÉMOND, A. GÉLÉDAN, *Dictionnaire des sciences économiques et sociales*, Paris, Belin, 2002, p. 508.

14. Ver John CAVANAGH, Jerry MANDER (dir.), *Alternatives à la globalisation économique*.

de sua comunidade, pode dar sua contribuição para isso. Eles recomendam submeter as instituições e os comportamentos individuais a uma questão diferente: "O novo regime contribui para o bem comum?". Se a resposta é negativa, ele é amoral ou imoral. O que leva a outra questão: "Meu comportamento individual contribui para o estabelecimento de uma sociedade mais justa e mais equitativa?". Se a resposta é positiva, o comportamento é bom.

Segundo esses "solidários", a felicidade coletiva é garantia da felicidade individual, como numa família. Na verdade, a família pode ser feliz se um de seus membros não o for? Por que seria diferente na grande casa que é a sociedade civil? Caso contrário, segundo eles, o planeta seria sempre um campo de guerra, de oposições, de lutas, de violências, de crimes, de concorrência desleal. Um planeta onde a minoria dos seres humanos explorará a maior parte dos recursos, em detrimento da maioria. Segundo os democratas, as tendências atuais não são boas para o futuro da humanidade. Eles sugerem recolocar o homem no centro de todas as preocupações e estabelecer como principal pauta a preocupação com os outros, os valores de solidariedade e uma democracia mais participativa. De modo que a economia e o Estado fiquem a serviço de todos os seres humanos dentro do espírito de liberdade, certamente, mas uma liberdade a serviço da igualdade, da solidariedade e da fraternidade.

Em suma, eles desejam um mundo coerente onde a ética do poder econômico não venha a contradizer a ética do bem-estar comum. Assim, por exemplo, eles acham curioso que a reivindicação da igualdade dos direitos e das oportunidades, na época das revoluções, fique limitada às questões do Estado e não seja exigida na gestão das questões econômicas ou financeiras. Por que dar aos indivíduos um poder igual diante da lei dos negócios de Estado mas não ao que se refere ao poder econômico? Quando se trata de questões do Estado, a regra "uma pessoa = um voto" é admitida. Cada cidadão tem apenas um voto, independentemente de sua riqueza. No entanto, quando se trata do poder dentro das empresas com fim lucrativo, cada um tem o número de votos proporcional ao capital aplicado na empresa. A regra "uma ação = um voto" confere o poder ao capital e não ao indivíduo. Essa incoerência[15], poder do povo nas questões do Estado e poder do capital nas questões econômicas e financeiras, provoca uma constante luta entre o poder político e o poder econômico.

Os social-democratas não são contra a globalização e tampouco contra o mercado. Mas eles recusam-se a abdicar das regras elementares do desenvolvimento local contra as eventuais ou possíveis vantagens da globalização. Desde então, eles preferem o mercado local ou nacional, porque antes de habitar o planeta as pessoas vivem em uma cidade ou vilarejo. Portanto, o mercado mundial é um mercado complementar. Eles procuram viver com uma economia mais condizente com seus ideais de solidariedade. Eles propõem ações com o intuito de comércio equitativo, de investimentos éticos, de finanças solidárias, de empresas socialmente responsáveis, de movimentos de "consum'atores", sabendo que comprar é votar, como escreveu Laure Waridel, fundadora do Équiterre[16]. Por seu lado, Henri Rouillé d'Orfeuil[17], estendendo essa solidariedade em escala mundial e se identificando com os *altermundialistas*, acrescenta:

> [Uma solidariedade mundial mediante a criação] de "lojas do mundo" onde o consumidor do Norte compra seu café sem asfixiar o produtor do Sul, clubes de investimento de proximidade onde o desenvolvimento local é uma questão de pessoas mais do que de dinheiro, uma agência imobiliária ou um banco solidário a serviço dos desfavorecidos, associações de especialistas que impeçam a dispersão, poupadores que reconciliem valor social e valor financeiro...

Essas visões, formuladas em reação aos efeitos da globalização, não abdicam dos intercâmbios internacionais. Mas elas apostam primeiramente

---

15. Sei que certas pessoas não estarão de acordo com essa qualificação de incoerência. Alguns julgam que é conveniente que o poder cidadão seja controlado pelo poder do capital. Desse modo, consequentemente haveria um equilíbrio entre o poder da maioria e o da minoria.

16. Laure WARIDEL, *Acheter, c'est voter*, Montréal, Écosociété, 2005.

17. Henri ROUILLÉ D'ORFEUIL, *Économie, le réveil des citoyens*, Paris, La Découverte, 2002 [ed. br.: *Economia cidadã*, Petrópolis, Vozes, 2002].

na apropriação dos territórios, contando com a colaboração e a contribuição de todos os cidadãos para a construção de um ambiente que os reúna e onde se identifiquem.

A social-democracia além da caricatura

As correções propostas a respeito de um livre comércio planetário, mesmo que não englobem um governo mundial que prescreva as regras das trocas entre as nações e apto a aplicá-las, causam evidentemente reação contrária dos mundialistas radicais. O que faz que vários autores procurem minimizar a contribuição da social-democracia reafirmando comparações e argumentos de tempos passados, sem levar em consideração a realidade contemporânea. Desse modo, alguns afirmam que se há dois campos não são os do neoliberalismo e da social-democracia, porém, sobretudo, os da concepção individualista e da concepção coletivista. Pascal Salin, professor de economia da Universidade Paris-Dauphine, resume essa distinção em algumas palavras:

> As duas concepções antagônicas da sociedade continuarão sempre irreconciliáveis: a concepção individualista, segundo a qual o homem é um ser racional e livre, capaz de organizar ele próprio suas relações com os outros homens, e a concepção coletivista, de acordo com a qual a "sociedade" existe independentemente dos homens que a compõem, de seus desejos e de suas vontades[18].

Segundo o professor Salin, a social-democracia se classifica entre as tarefas do coletivismo, mas ele admite que essa é a forma mais aceitável de coletivismo, a pior sendo o totalitarismo marxista! No entanto, o coletivismo é um sistema econômico baseado na propriedade coletiva dos meios de produção, enquanto a social-democracia é um sistema político que mantém a propriedade privada dos principais meios de produção[19].

---

18. Pascal SALIN, *Libéralisme*, Paris, Odile Jacob, 2000, p. 22.
19. J. BRÉMOND, A. GÉLÉDAN, *Dictionnaire des sciences économiques et sociales*.

Segundo o economista Guy Sorman, mais radical, existe apenas um sistema econômico, o liberalismo. Por que, então, discutir outra coisa? Ele escreve:

> Existe apenas uma única economia, o capitalismo de mercado: a economia liberal. Alguns lamentam, mas ninguém pode negá-la. Portanto, a ciência econômica se interessa apenas por esse modelo para compreendê-lo melhor, aprimorá-lo e generalizá-lo. [...] Um final de história que irrita os idealistas e os ideólogos: eles sonham com um mundo mais justo, mais espiritual, mais verde. Como eles estão desapontados com essa evolução contemporânea, eles acabam por negar o *status* de ciência à economia...[20]

Desse modo, a economia liberal ocupou todos os lugares. A verdadeira esperança de uma melhor humanidade passaria pela constante produção de riquezas, motor indispensável ao bom andamento da economia. Os defensores de um mundo mais justo, mais espiritual e mais verde seriam os idealistas! No entanto, é reconfortante pensar que, como veremos mais adiante, o planeta contém milhões de idealistas e de pessoas que sonham com um mundo onde houvesse uma maior justiça e uma maior espiritualidade em um planeta limpo e verde, o que o liberalismo não poderia oferecer, segundo a opinião desse autor.

A meu ver, criam-se nuanças que merecem um melhor conhecimento. Entre a concepção individualista apoiada essencialmente na liberdade de cada um e a concepção coletivista de um conjunto de seres humanos anônimos em um Estado dominante, existe, no entanto, uma rede importante de adeptos do modelo de uma sociedade na qual a economia não é um fim em si, mas um complemento ao poder político e ao poder cidadão. Afirmar o contrário não passa de uma simplificação cômoda dos promotores de um pensamento único liberal. Os social-democratas são igualmente individualistas no sentido de que procuram sua felicidade individual, porém estão convencidos de que essa felicidade individual será mais garantida se

---

20. Guy Sorman, *L'économie ne ment pas*, p. 9.

cada um contribuir para a felicidade dos outros. Eles acreditam também no mercado, com a diferença de que admitem também a natureza social do ser humano, o qual vive e se desenvolve graças ao contato com os outros e seu apoio, o que é uma verdadeira fonte de felicidade. Sobre esse assunto, já em 1902 o militante e teórico do movimento operário Pierre Kropotkine escreveu um livro[21] que se tornou um clássico da literatura russa; ali ele demonstra que a ajuda mútua e a solidariedade contribuíram mais para a criação e a prosperidade das sociedades humanas do que a competição de cada um contra todos. Ao longo de aproximadas trezentas magníficas páginas, esse profícuo ator demonstra a que ponto a inspiração solidária contribuiu para o progresso da humanidade.

As intervenções dos líderes

Milhões de pessoas sofrem com a globalização diariamente e em todos os países. Joseph E. Stiglitz, prêmio Nobel de economia, ex-conselheiro do presidente dos Estados Unidos Bill Clinton e demissionário de seu cargo de economista chefe e vice-presidente do Banco Mundial, afirma sem hesitar, pois ele foi testemunha privilegiada, que milhões de pessoas sofreram e sofrem com a globalização. Em seu livro *A grande desilusão* ele escreve:

> Hoje em dia, a globalização não funciona; não funciona para os pobres do mundo; não funciona para o meio ambiente; não funciona para a estabilidade da economia mundial. A transição do comunismo para a economia de mercado foi tão mal administrada que em todo lugar, salvo na China, no Vietnã e em alguns raros países da Europa Oriental, a pobreza aumentou rapidamente e os salários desabaram[22].

---

21. Pierre KROPOTKINE, *L'entraide, un facteur de l'évolution,* Montréal, Écosociété, 2001.

22. Joseph E. STIGLITZ, citação da página 565 do livro *A grande desilusão*, reproduzida integralmente no mais recente livro do mesmo autor, intitulado *Making Globalisation Work*, cuja versão francesa foi publicada em livro de bolso com o título *Un autre monde* (Paris, Anthème Fayard, 2006) [ed. br.: *Globalização* — Como dar certo, São Paulo, Companhia das Letras, 2007].

Vários líderes comprovam isso igualmente: jornalistas renomados, presidentes de países, teólogos, sociólogos reputados, candidatos ao prêmio Nobel da paz, juízes, conselheiros da Comunidade Europeia[23]. Mais perto de nós, chefes de empresa praticam valores humanistas em suas organizações; no entanto, em um mundo de forte competitividade, eles não conseguem deixar de aproveitar a abertura dos mercados e fazer "bons negócios". Eles aceitam a definição de uma empresa coletiva[24]. Alguns chegam mesmo a denunciar abertamente certas práticas de empresas focadas unicamente na maximização do lucro, tendo a aprovação de vários dirigentes de empresa que não ousam fazê-lo. Assim, Rémi Tremblay, nessa época chefe de uma empresa de administração de recursos humanos[25], publica sua opinião sincera em 2004. No livro *Les fous du roi* [*Os bobos da corte*][26], escrito com Diane Bérard, ele denuncia a insaciável busca de lucro dos acionistas, que obriga os administradores a demitir, fusionar, racionalizar ou centralizar. Além disso, ele escreve, "se os resultados não são os esperados, os bobos da corte não hesitam em maquiá-los para continuar nas boas graças do rei"!

---

23. Grandes chefes de Estado: Lula da Silva, ex-presidente do Brasil, e Mario Soares, ex-presidente de Portugal; o grande editorialista do *Monde diplomatique*, Ignatio Ramonet; o teólogo brasileiro Frei Betto; o renomado escritor Noam Chomsky; os prêmios Nobel da Paz Adolfo Pérez Esquivel e Rigoberta Menchú; o juiz espanhol Balthazar Garzon; o prefeito de Porto Alegre, Tarso Genro; o professor e conselheiro da Comissão Europeia, Riccardo Petrella etc. Todos publicaram textos concludentes publicados no livro cuja direção é de Gianni MINÀ, *Un meilleur monde est possible* [ed. br.: *Um outro mundo é possível*, Rio de Janeiro, Record, 2003]. Citaremos igualmente Georges Soros, grande financista de reputação mundial, e Muhamad Yunus, doutor em economia e fundador do Grameen Bank.

24. A empresa cidadã considera as dimensões social e ambiental nas suas atividades e nas suas relações com seus parceiros (assalariados, clientes, fornecedores, contadores, acionistas...). E com isso ela mostra que as finalidades econômicas e sociais não são incompatíveis.

25. Patrão desde os 22 anos de idade, ele dirigiu uma grande firma de administração de recursos humanos.

26. Rémi TREMBLAY, Diane BÉRARD, *Les fous du roi*, Montréal, Transcontinental, 2004.

Professores universitários dão igualmente seus depoimentos: em Quebec, Thierry C. Pauchant, professor da Escola de Altos Estudos Comerciais, interessado nas questões de ordem ética, escreveu vários textos sobre a ética, particularmente sobre a ética dos negócios. Em seus trabalhos ele demonstra sua inquietação pelo fato de que as empresas, embora dispensando muita energia na obtenção de lucros, estão cada vez mais desprovidas de sentido. Ele publica, em 1996, um livro intitulado *La quête du sens* [*A busca do sentido*][27], propondo que o mundo da economia se preocupe igualmente com a saúde das pessoas, das sociedades e da natureza. Outro exemplo: em 2004, Joel Bakan[28], professor da Faculdade de Direito da Universidade de Colúmbia Britânica, publica um livro sobre a busca patológica do lucro e do poder dos dirigentes das corporações. Um livro tão contundente que dois produtores fizeram dele um filme de sucesso[29]. Por sua vez, Omar Aktouf[30], professor titular de Gestão na Escola de Altos Estudos Comerciais de Montreal, escreve em 2004 um livro-choque com o título *La stratégie de l'autruche* [*A estratégia do avestruz*], no qual vários exemplos eloquentes provocam reflexão. São apenas alguns exemplos. A lista das denúncias de uma economia desumana é bem extensa.

Além das pessoas de negócios interessadas na noção de *empresa cidadã*, observamos um movimento em favor de certa ética diferente daquela unicamente do lucro. Nos Estados Unidos, por exemplo, o efetivo da Associação dos Executivos da Ética passou de doze membros em 1995 para 706 em 2000! As questões de ética são muitas vezes discutidas no alto escalão; segundo uma pesquisa feita pela Conference Board em 124 companhias de 22 países, apenas 21% das políticas existentes em 1987 eram adotadas por um conselho de administração, enquanto hoje em dia o conselho se envolve com mais de 80% dos casos. O título de vice-presidente

---

27. Thierry C. PAUCHANT, *La quête du sens,* Montréal, Québec-Amérique-Presses HEC, 1996.

28. Joel BAKAN, *The Corporation.* The Pathological Pursuit of Profit and Power, Washington, Free Press, 2004.

29. *The Corporation*, um filme de Mark ACHBAR, Jennifer ABOTT e Joel BAKAN.

30. Omar AKTOUF, *La stratégie de l'autruche*, Montréal, Écosociété, 2002.

ético surge agora, o que até então era muito raro. Está bem evidente, as empresas estão procurando se adaptar a essa tendência e estão cada vez mais preocupadas com sua reputação de "boas cidadãs". É uma preocupação com a imagem ou uma verdadeira preocupação de moral e de ética? Isso não tem muita importância: o essencial é que a reflexão exista e que a preocupação ética esteja sempre na pauta do dia.

O teólogo Michel Beaudin[31] fez uma pesquisa muito interessante com 24 pessoas do mundo de negócios oriundas de todos os setores da atividade econômica, na maioria do setor terciário (bancos, corretoras, consultores, engenharia, de comércio, de seguros, de serviços públicos etc.), mas também de pequenas e médias empresas. Essa pesquisa mostra que as pessoas de negócios se encontram numa *situação excepcionalmente conturbada* por causa do excesso de produção devido ao desenvolvimento tecnológico, de uma concorrência cada vez maior, com menos jogadores em campo em razão da criação das megaempresas, e de uma liberalização da economia em escala mundial. Elas vivem mudanças radicais das regras do jogo, em particular o fato de que formas políticas e sociais de controle da economia caíram em desuso. Elas admitem a "dureza cruel" da economia atual. Um dirigente de uma empresa de médio porte fala "de uma briga de ratos". Mas todos se indagam "Por que essa guerra?", sem obter resposta. Assim vai a modernidade: é preciso se superar segundo as novas regras, caso contrário a sobrevida da empresa corre perigo. Resumindo, as pessoas vivem num sistema que não foi pensado, que nasceu da desordem. Ninguém nega a importância do Estado no estabelecimento de limites claros para a atividade econômica, tampouco seu papel de protetor dos desfavorecidos. Poderíamos dizer que vários homens de negócios jogam o jogo do novo capitalismo porque eles não têm escolha, mas eles admitiriam um capitalismo mais moderado e mais humano.

---

31. Professor na Universidade de Montréal. Michel BEAUDIN, Un projet occupe déjà la terrain: la société comme marché. Fascination du credo néolibéral et solidarité sociale velléitaire chez les gens d'affaires francophones de Montréal, in Camil MÉNARD, Florent VILLENEUVE (dir.), *Projet de société et lectures chrétiennes*, Montréal, Fides, 1997.

Michel Beaudin chega à seguinte conclusão:

> Entre eles, a tomada de consciência ainda é muito dispersa. Ademais, o diálogo entre esse meio e as organizações sociais não é muito frequente, exceto em certos ambientes de trabalho, para que se possa esperar, em um futuro próximo e do próprio interior da economia, a consolidação de uma visão alternativa integrando ao mesmo tempo uma ideologia inspiradora e convocadora (em tempos de credo liberal), uma ética consequente vinculada à dimensão estrutural e uma articulação mais viável da economia na sociedade. [...] Portanto, um projeto de sociedade popular, que comece a ser discutido, poderia ter uma repercussão maior do que poderíamos supor entre grande parte dos homens de negócios, a julgar pelo que ouvi. Eles aceitarão dar um novo impulso ao empreendedorismo e levar estruturalmente a sério a solidariedade a ponto de fazer dela o suporte de uma economia distinta nessa sociedade? É o que gostaria de verificar com eles em um encontro coletivo futuro[32].

O autor escreveu essas linhas em 1997. Nessa época, a Pasta da Economia Social ainda engatinhava, enquanto atualmente conta com milhares de empresas. O Movimento Desjardins estava em plena reestruturação. O Conselho da Cooperação de Quebec estava ocupado em reunir seus membros. O neoliberalismo e seu capitalismo desenfreado ainda não tinham delineado completamente seus efeitos negativos, ou seja, crises financeiras importantes, deslocamentos das empresas, fechamentos de fábricas, falências de grandes bancos americanos e uma instabilidade crescente num mercado mundial fora de controle. No entanto, atualmente, a economia plural — onde convivem as empresas tradicionais, as empresas de Estado e as empresas da economia social — é admitida. O pensamento único que admite somente um sistema econômico é descabido em Quebec. Os debates sobre a democratização, sobre a descentralização em direção às regiões, sobre uma nova regulamentação da economia e mesmo sobre sua "moralização" e sobre a necessária solidariedade estão na ordem do dia. A

32. Ibid., p. 99.

ética não é mais um assunto tabu no mundo dos negócios. Um exemplo: na concessão do prêmio de excelência, algumas profissões levam agora em consideração, além da competência, a contribuição dos candidatos à prática de uma ética do bem-estar comum.

Reações populares

As populações se preocupam igualmente. Elas vivem a dominação do poder econômico. Elas conservam um sentimento de impotência diante do poder político. Naturalmente, para alguns a situação é desesperadora e cria certo fatalismo. Mas, felizmente, para outros essa preocupação é mobilizadora. Em diferentes continentes, milhões de cidadãos decidem agir concretamente e de uma maneira mais transparente mediante a criação de empresas sob controle democrático. Eles decidem introduzir nas questões econômicas valores da igualdade e da solidariedade dos membros. É desse modo que hoje em dia, ao lado das cooperativas já existentes há décadas, surgem novas, assim como mutualidades, fraternais, associações com fins não lucrativos. Embora se distinguindo das empresas tradicionais e navegando contra a corrente dos valores predominantes na sociedade, essas organizações ocupam agora um lugar importante na economia local.

Em Quebec, a partir da Cúpula Econômica de 1995 realizada no Palais des Congrès de Quebec, durante a qual foi criada a Pasta da Economia Social — que devia durar três anos, mas que devido ao seu sucesso tornou-se permanente —, a mobilização cívica é surpreendente. Atualmente, existem numerosas iniciativas de apropriação territorial de responsabilidades no setor do lazer e do turismo social, da cultura, da habitação, dos centros da primeira infância, da agricultura, da ajuda doméstica, das cooperativas funerárias, dos recursos, das mídias comunitárias, da energia eólica e mais recentemente da saúde. Existem agora mais de 7 mil empresas coletivas em Quebec — o que representa 8% do PIB e que criou mais de 25 mil novos empregos. Sobretudo empresas sustentáveis. As estatísticas demonstram: as empresas tradicionais têm uma porcentagem de sobrevida de 35% após cinco anos, enquanto as empresas da economia social, ou seja, as empresas sob controle dos membros ou dos usuários, atingem a porcentagem de 65%. E regularmente criam-se novas. Recentemente, surgiram em Quebec cerca de vinte cooperativas de saúde, por iniciativa dos cidadãos que decidiram viver voluntariamente os valores de solidariedade e de ajuda mútua para propiciar à sua comunidade um melhor acesso aos serviços de saúde.

Assistimos também ao importante fenômeno da economia popular, definida como um conjunto de atividades informais. Na Bolívia, por exemplo, essa economia é um verdadeiro fenômeno de sociedade, uma vez que as práticas de economia popular representam um quarto do produto nacional bruto e ocupam 85% da população ativa[33]. Artesãos, pequenos agricultores, camelôs nas calçadas, lavadores de carro, donos de restaurantes populares, garagistas ocasionais, o governo tolera essas atividades paralelas e esse conceito de economia popular, uma economia de sobrevivência, na expectativa de um mundo melhor. Recusando a tirania do ter, as estratégias dos atores da economia popular se inserem na razão. A lei do mais forte não pode se sobrepor à civilização. Esses cidadãos inventaram a inserção dentro de suas sociedades através da economia[34]. Essas iniciativas de sobrevivência, contrariamente ao que poderíamos pensar, não são reprimidas pelas empresas que atuam nos grandes mercados. Não, ao contrário, elas aproveitam e compram com bom preço diversos serviços ou produtos.

Finalmente, um pouco por todo lado, inclusive em Quebec, a economia "paralela" ou "trabalho clandestino" está presente, permitindo a sobrevivência aos sem-trabalho e aos sem-papéis. No plano ético, essa prática não deve ser estimulada, mas é compreensível que pessoas recorram a ela, por serem geralmente vítimas do sistema econômico praticado. O que é menos compreensível, no entanto, é que os outros, aproveitando-se do sistema estabelecido, sirvam-se dessa economia "paralela" não para sobre-

---

33. Fonte: Ministério da Microempresa, La Paz, Bolívia, agosto 2000, apud *Dictionnaire critique de la mondialisation*.

34. Ibid., p. 131.

viver, mas para livrar seus rendimentos de tributação, privando assim o Estado de seus legítimos recolhimentos.

Numa coletânea de 21 autores que resumiram as alternativas concretas à globalização econômica, eles escreveram:

> Durante a última década, nós, os 21 autores deste livro, encontramos centenas de milhares de pessoas por ocasião de diversos acontecimentos — passeatas, experiências sociais, reuniões internas de organizações, audiências nacionais, seminários internacionais e fóruns sociais mundiais —, o que nos possibilitou constatar a cólera diante da globalização da economia ceder lugar a uma atitude de esperança para o futuro[35].

Pessoalmente, constatei a mesma coisa nas diversas funções que exerci e que ainda exerço em Quebec, igualmente quando presidi a Associação dos Bancos Cooperativos Internacionais e quando servi no Conselho de Administração da Aliança Cooperativa Internacional. Particularmente, nos países da América do Sul, na China, no Vietnã e em alguns países da Europa Oriental constatei a força de uma vontade popular unida, inserida na visão de uma ética do bem-estar comum, e levando à criação de numerosas organizações sob controle democrático dos cidadãos e cidadãs.

A reação dos jovens oriundos das gerações X e Y[36] deve ser também assinalada. Como se sabe, alguns deles se questionam. Alguns chegaram a viver, juntos a seus pais, certa prosperidade. Quando atingiram a idade adulta, constataram que a conturbação do mundo resultante da aceleração da globalização dificultou os caminhos de seu futuro. Muitos estão convencidos de que na maturidade terão um destino menos favorável e menos feliz do que o de seus pais, e de que não foram bem preparados para penetrar em um mundo onde as oportunidades são mais raras ou mais difíceis de ser exploradas. Na verdade, eles herdaram vários desafios: um legado demográfico preocupante acompanhado de uma pesada dívida pública, um

35. John CAVANAGH, Jerry MANDER (dir.), *Alternatives à la globalisation économique*, p. 127.

36. Os X são os nascidos entre 1966 e 1976 e os Y entre 1976 e 1986.

planeta que pede misericórdia e, além desses desafios, o principal: o do restabelecimento de uma coesão social, de um projeto comum.

Sujeitos a essa constatação geral, encontramos entre esses jovens duas tendências: de um lado, aqueles para quem a frustração é grande e as esperanças de uma recuperação parecem utópicas. Eles se preocupam e preferem aproveitar a vida desde agora, o futuro sendo incerto. Uma reação que alimenta a tropa dos desistentes: desistentes da escola, desistentes do trabalho, desistentes da vida! Por outro lado, há aqueles que, decepcionados com o mundo que herdaram, querem assim mesmo refazê-lo, à maneira deles e segundo a visão deles. Alguns já estão agindo, mesmo se as visões do futuro não são homogêneas junto a essa geração, como não eram nas gerações anteriores. Vejamos alguns exemplos:

1. Segundo um estudo recente do Instituto de Pesquisa em Políticas Públicas, uma grande porcentagem de jovens quase não se interessa por política partidária. Alguns nem votam. No entanto, nunca houve tantos jovens deputados na Assembleia Nacional de Quebec!
2. Se muitos jovens não gostam da política institucional como ela é praticada hoje em dia, muitos deles são, todavia, ativos fora dos partidos e no plano social. Lembremos dos combates para a redução dos custos de escolaridade (não somente em Quebec, mas também na Colúmbia Britânica em 2002 e em Ontário em 2003). Um grande número de estudantes corria o risco de sacrificar o ano letivo universitário, não por eles, mas para salvar a bolsa de estudos.
3. Além do mais, os jovens se preocupam com o futuro do planeta — e sabem que sua salvação é decorrente de uma ação solidária. Eles participam bastante dos movimentos ecológicos. Foram os jovens que fundaram a Équiterre — uma organização que milita a favor da proteção do meio ambiente e do comércio equitativo. Eles utilizam o *slogan* “Comprar é votar!”, lembrando a influência dos consumidores no desenvolvimento econômico e social do seu meio.

4. Foram os jovens que criaram o Grupo Investimento Responsável, que incita os investidores a empregar seus poderes de acionistas para estimular a responsabilidade cívica das empresas.
5. Há alguns anos, por iniciativa do Instituto do Novo Mundo, uma escola de verão reuniu centenas de jovens voluntários "a fim de mudar o mundo". As preocupações dos jovens? Educação da cidadania, apoio às pessoas de convívio próximas, ajuda ao desenvolvimento principalmente pela economia social, rotulagem dos OGM, o meio ambiente e em particular o comércio equitativo e a proteção da água, a democracia, a saúde etc.

Uma evolução a ser seguida de perto. O zelo e a atenção dados à evolução dos valores humanistas me parecem determinantes para responder às necessidades futuras. E a meu ver é desde agora que se deve estabelecer os roteiros, com a participação dos X e Y, e porque não dos Z, se eles existirem — todos aqueles que queiram refazer o mundo! Todas as gerações estão convocadas a transpor esse belo desafio.

Certamente, as reações à aceleração da globalização são numerosas, regulares e fortes. No entanto, da mesma maneira que é impossível criar cooperativas sem militantes cooperadores, é ilusório criar um mundo solidário se os cidadãos e cidadãs vivem valores opostos. Daí a importância de moralizar a economia, como reivindicado por Nicolas Sarkozy por ocasião da Cúpula da Francofonia de 2008, em Quebec.

4
Moralizar o capitalismo

É preciso mudar o capitalismo, segundo o presidente francês, citado anteriormente, de modo que ele não seja mais como é, e é preciso criar um novo, em que o egoísmo seja substituído pela partilha e pela solidariedade, o *cada um por si* por *um por todos, todos por um*, o fanatismo pela tolerância, a lógica do confronto pela lógica da preocupação com o outro. A menos que seu entusiasmo diante dos parlamentares quebequenses tenha sobrepujado seu pensamento, podemos concluir daí que esse capitalismo reformado se assemelhará, assim reinstituído e reformulado, ao cooperativismo. Para os adeptos de um mundo mais justo, para os defensores dos direitos do homem, o anúncio de uma luta contra o abuso do poder político e econômico é uma boa notícia. De acordo com o ex-presidente da França, quando os mercados se acalmarem e os bancos estiverem a salvo, o mundo da finança nunca mais será como antes. Enquanto o mundo inteiro aplaude a mudança da visão americana trazida com a ascensão de Barack Obama ao governo dos Estados Unidos, essas palavras permitem sonhar com um mundo melhor. Um mundo que não será mais submetido a "processos graças aos quais uma parcela de interesses privados adquire o direito de controlar tudo o que é possível na vida social com o intuito de maximizar seus lucros pessoais"[1].

---

1. Robert McChesney, especialista das comunicações, <www.liberty-quotes.c.a.>.

O paradigma econômico e social atual será substituído por uma economia mais solidária, graças à qual todas as atividades contribuirão para a democratização da política e da economia a partir de compromissos cidadãos[2]. Mais concretamente, veremos aparecer uma política mais sensível aos direitos humanos e uma economia cuja finalidade não será mais a maximização do lucro, mas a resposta às necessidades sociais, mal ou nada atendidas pelo mercado ou pelo poder público[3].

Nos Estados Unidos, recentemente, a democracia se manifestou na direção da justiça: 53% dos eleitores votaram a favor da mudança, e 46% preferiram o *statu quo*, repetindo o discurso do Partido Republicano, para quem o imperialismo tem sempre seu lugar para garantir a segurança do país e segundo o qual a não redistribuição da riqueza é um dos motores do crescimento econômico. O país divide-se em duas percepções: a do liberalismo conservador, mais à direita, como é praxe dizer; e a do liberalismo moderado e pragmático, que luta contra a pobreza, mas também contra o terrorismo. Essas duas formas de liberalismo estão de acordo para conter o capitalismo.

É compreensível a reação dos chefes de Estado e os engajamentos de Nicolas Sarkozy quando constatamos que as perdas e os danos foram sofridos por aproximadamente 100 milhões de pessoas. Dezenas de milhares de pessoas perderam seus empregos, os governos foram obrigados a fazer empréstimos e pagar milhares de bilhões de dólares. Tantos danos, transtornos, preocupações, por causa de importantes falhas éticas de alguns administradores interessados principalmente no aumento de suas remunerações diretas ou indiretas, e em particular por todas essas formas de remuneração suplementar com base no volume de negócios ou maiores lucros para a empresa. Incentivar os mutuários a apostar no eventual valor de algo não é ilegal, mas não é prudente. Para um gestor de fundos, trata-se certamente de uma prática arriscada. Depois, como essa mais-valia

---

2. J.-L. LAVILLE, *Une troisième voie pour le travail*, Paris, Desclée de Brouwer, 1999, p. 127.

3. Jean-Paul MARÉCHAL, *Humaniser l'économie*, Paris, Desclée de Brouwer, 2000, p. 127.

não era prevista, surge a ideia de "titularizar" esses créditos, isto é, emitir títulos de financiamento, garantidos, entre outros, pelos frágeis empréstimos hipotecários, com taxas atraentes a curto prazo, com a conivência ou incompetência de uma corretora de valores, os famosos títulos comerciais endossados pelos empréstimos não bancários. O resto é conhecido: esses títulos se transformam em um mercado de vários bilhões de dólares de títulos... sem garantia certa. Com as consequências que conhecemos: um desastre enorme em razão do qual, como dizia o fabulista, *nem todos morrem, mas todos sofrem*!

Nos Estados Unidos, os bancos, inclusive os maiores, requerem falência. O sistema financeiro está abalado. O Estado decide intervir e investir somas colossais. Como explicar que os neoliberais, anteriormente tão obstinadamente refratários à intervenção do Estado, tenham exigido energicamente o socorro do Estado no momento dessa falência? Na época da conjunção da aceleração da globalização e da desregulamentação dos serviços financeiros, isto é, ao longo dos anos 1970, eles exigiam a não intervenção do Estado no desenvolvimento econômico e a redução das medidas sociais. No entanto, atualmente, essas instituições e seus dirigentes, depois de terem fartamente se aproveitado da aceleração da globalização, tornaram-se eles próprios perdedores. Concordo que nem todos ficaram arruinados, nem mais ricos ou menos ricos, porém perderam assim mesmo grande parte de seus ativos.

Para o ex-presidente da França, essa cultura "de egoísmo, de fanatismo, de confronto" tornou-se insustentável. Para eliminá-la, segundo ele, não bastará regular. De fato, como regular o egoísmo, o cada um por si, os fanatismos, particularmente o fanatismo do mercado? A regulação não basta, porque os hábeis administradores sabem como malograr as inspeções e, mais facilmente ainda, as regras de ética, pois elas são sancionadas unicamente pela consciência. Nicolas Sarkozy insiste: é preciso moralizar, isto é, desenvolver entre os atores da economia e da finança o reflexo de comportamentos solidários, e a vontade de criar relações ganhador/ganhador entre seus clientes e eles. O que não é, concordo, uma tarefa fácil, a menos que se possa punir aqueles que fraudam ou estabelecer uma constante educação cívica, como veremos mais adiante. Sobre esse ponto, estamos longe do fim. Afinal, as escolas de administração não ensinam as estratégias para enfrentar eficazmente a concorrência capitalista? Não se formam guerreiros em vez de administradores humanistas, como deplorava Riccardo Petrella[4] em 2005, por ocasião de uma conferência diante dos estudantes da Universidade de Quebec, em Montreal? É bem sabido, a cobiça e a ganância são dois poderosos motores da atividade humana[5]. Mas não é porque a tarefa é difícil que se deve abandonar ou tentar resolver tudo com leis. Repito: as leis não resolvem tudo, pois alguns sempre encontram uma maneira de contorná-las.

Enquanto os chefes de governo avaliam a possibilidade de dar sequência à proposta do ex-presidente francês, milhões de pessoas refazem seus orçamentos e orientam diferentemente seu futuro. Os aposentados instalados há certo tempo nos asilos para velhos graças à renda garantida por suas economias precisam pensar em mudar para algo mais econômico. Outros aposentados voltam ao trabalho diário. Ou ainda, às vésperas de uma aposentadoria bem merecida, muitos são obrigados a adiá-la.

Enquanto isso, grupos de cidadãos clamam por vingança. Carl Icahn[6], ativista econômico americano e investidor declarado, torna-se o porta-voz de vários acionistas, e clama pela identificação dos culpados e por sua punição. No seu *site* na internet, ele lembra que milhões de pessoas terão que pagar o preço, possivelmente durante alguns anos, pelos excessos desses administradores ambiciosos, ávidos de enriquecimento pessoal sem limites. E para piorar as coisas, já que bilhões de dólares estão perdidos e que milhares de pessoas estão desempregadas, a maioria desses grandes administradores se safam sem nenhuma punição. Carl Icahn, fundador da associação conhecida como United Shareholders of America (Acionistas Unidos

---

4. Riccardo Petrella, economista e politicólogo, professor da Universidade Católica de Louvain (Bélgica), fundador do Grupo de Lisboa e mediador do Comitê promotor para o contrato mundial da água. Autor de inúmeros ensaios.

5. Helmut SHOECK, *L'envie*, Paris, Les Belles Lettres, 1980.

6. <www.Icahnreport.com>.

da América), pede apoio da população para que as atuais leis sancionem os gestores culpados e novas leis abranjam mais rigorosamente as regras éticas de proteção aos investidores e à população em geral.

Em Quebec, esses grupos também existem, e a crise de 2008 prova ainda mais sua pertinência: o MEDAC, Movimento de Educação dos Acionistas, fundado por Yves Michaud, personagem público conhecido como jornalista, deputado, escritor e fundador desse movimento militante a favor de uma intensificação dos poderes dos acionistas; o GIREF, Grupo Interdisciplinar de Pesquisa em Ética Financeira da Universidade de Quebec, em Montreal, dirigido por Andrée DeSerres; o Grupo Investimento Responsável, ao qual já nos referimos acima, e a Coalizão para a Proteção dos Investidores, da qual um dos fundadores é Robert Pouliot, principal associado do Rating Capital Partners e coordenador do FidRisk, uma organização editora da carta dos direitos e deveres fiduciários, assim como de um guia das melhores práticas da gestão de ativos. Todos esses grupos acreditam na melhoria das competências dos gestores de ativos de terceiros e na educação dos investidores, para que possam minimizar os riscos assumidos por eles na gestão de seus ativos financeiros. Estima-se que mais de 65% do estoque mundial de capitais sejam geridos por terceiros: caixas de pensão, fundos coletivos, fundos de seguro... No entanto, exceto em casos de fraude, os direitos de recursos contra a negligência e a prevaricação fiduciárias estão cada vez mais difíceis de ser praticados por milhões de poupadores anônimos. A Carta proposta por essa cooperativa tem como finalidade oferecer uma estrutura de referência mais universal para assegurar esses direitos e deveres em matéria fiscal.

Moralizar a economia

A moralização consiste em adequar os comportamentos dos indivíduos ao conjunto de valores e de regras de ação admitidos como normas em uma sociedade[7]. Moralizar unicamente o capitalismo não é o bastante, a meu ver,

7. *Dictionnaire encyclopédique Larousse*.

pois o capitalismo se inspira em várias culturas e existem outros sistemas. Seria preferível, acredito, moralizar o poder econômico em sua totalidade. Hoje em dia, bilhões de pessoas no planeta desejam um mundo melhor e mais igualitário. O desejo por um mundo mais igualitário me parece uma norma das sociedades democráticas. Logo, essas diferenças mais pronunciadas entre os ricos e os outros parecem contrárias à ética; e igualmente contrária à ética essa capacidade de criar a riqueza e a resistência a compartilhá-la. Aparentemente, é mais fácil apaziguar sua consciência do que a pobreza. Numa época em que geralmente essas normas são admitidas, é inconcebível ter atingido um patamar de valores que justifique a esse ponto *a exploração do homem pelo homem*, sem que as consciências sejam questionadas. Ainda mais porque esse não era o projeto de sociedade almejado pelos povos durante as revoluções que deram nascimento à democracia. Eles desejavam uma sociedade fundamentada nos valores de *liberdade, igualdade, fraternidade*. Sim à liberdade, da palavra, do pensamento, das crenças, mas não à liberdade de criar e de tolerar as desigualdades equivalentes à impugnação de justiça. Sim à igualdade, não aquela que inveja o sucesso dos outros e reivindica um nivelamento por baixo, porém aquela que convive com a liberdade e que se preocupa com a criação e a manutenção do emprego, meio dinâmico de garantir a distribuição da riqueza. Sim à fraternidade, pela solidariedade, pela justiça, pelo respeito e pela preocupação com os outros. Esse era — e ainda é, imagino — o projeto das sociedades democráticas.

O recrudescimento da riqueza mundial e o aprofundamento dramático das desigualdades constituem duas das características mais marcantes da vida econômica contemporânea. A finalidade da economia não é mais ser a escrava das populações. É exatamente o contrário. A população agora está a serviço da economia, pois uma das condições para seu crescimento é o constante consumo. A população deve consumir para que a economia funcione — e deve hiperconsumir para que a economia atinja o grau de excelência. E assim crie mais ricos.

Enquanto anteriormente a concorrência entre um grupo de pequenas empresas garantia, seguindo as promessas do capitalismo, o controle dos preços de compra, agora essa concorrência acontece entre as grandes empresas, na maioria multinacionais, propriedade de muitos acionistas desconhecidos, todos estimulados pela maximização de seus rendimentos. A partir daí, o preço de todas as mercadorias ou de todos os serviços engloba a totalidade dos custos de produção, inclusive o custo da pesada publicidade, a que se deve acrescentar o lucro desejado, o que permite — é o esperado — realizar os lucros previstos. Esses lucros facultam a elevada remuneração de alguns administradores e o pagamento de razoáveis dividendos aos acionistas, já recompensados pelo alto valor de suas ações dentro da empresa. Mas esse valor aumenta à proporção que os lucros da empresa... aumentam. Qualquer queda dos lucros de um trimestre a outro será assinalada pelos colunistas financeiros, e uma "baixa de lucros" é muitas vezes apresentada como uma lacuna da gestão! É preciso manter elevados lucros para manter os rendimentos dos acionistas — e os altos salários dos administradores. E a concorrência joga o mesmo jogo e, estando submetida às mesmas restrições (altos salários e pagamento de dividendos aceitáveis pelos acionistas), os preços, evidentemente, devem embutir o montante dos lucros exigidos.

Essa ética do lucro e esses desafios de um rendimento não somente constante como preferencialmente mais elevado tornam aceitáveis, pelo menos pelos detentores do poder econômico, as políticas de remuneração por meio das quais os patrões se avaliam ou são avaliados centenas de vezes mais performáticos e mais úteis à empresa do que o conjunto de seus empregados. Por conseguinte, as distâncias entre o patrão e a média de seus empregados ficam cada vez maiores, sob o pretexto da complexidade da direção das empresas em um mundo globalizado. No entanto, os gurus da gestão não cansam de lembrar que não é prudente se apoiar em um único cérebro. Robert Reich, professor na Universidade Harvard, insiste já há alguns anos na necessidade, para as empresas do século XXI, de contar com "equipes de cérebros"[8].

Henry Ford[9] sempre afirmava que o capitalismo não conseguiria existir e se desenvolver sem o respeito a uma rigorosa ética. E, a seu ver, era

---

8. Robert B. REICH, *The Work of Nations* (preparing ourselves for 21st century Capitalism), New York, Alfred A. Knoff, 1991.

9. Henry Ford, empresário americano do ramo automobilístico (1863-1947).

contra a ética que um chefe de empresa ganhasse mais de quarenta vezes a remuneração média de seus empregados. Em um artigo publicado no jornal *Le Monde*[10], Michel Rocard explica esse ponto de vista pelo fato de que o capitalismo é seguramente a forma de organização social que garante as maiores margens de liberdade a todos os atores do sistema. Esse sistema, segundo ele, não pode, evidentemente, manter-se sem um elevado grau de autolimitação e de autocontrole.

Sem saber, o legislador certamente cometeu um erro ao exigir, há alguns anos, a publicação dos salários dos dirigentes de empresa. Essa publicação obrigatória das remunerações revelou, naquela época, que geralmente as políticas eram razoáveis, salvo algumas poucas exceções. No entanto, não foram os salários que chamaram a atenção, mas as exceções. Essas tornaram-se a norma, os altos gestores das empresas menos remunerados reclamaram a paridade! Resultado: uma alta generalizada das remunerações e, a partir daí, uma supervalorização constante.

Essa grande liberdade e essa finalidade do rendimento máximo justificam também as políticas de gestão dos recursos humanos... desumanos. Em particular as políticas de contratação de empregados temporários. Dessa maneira, os assalariados não são considerados empregados regulares da empresa e não se beneficiam das vantagens concedidas aos executivos e aos empregados permanentes, mesmo que sejam temporários... há cinco ou sete anos. Logo, os empregados são simplesmente uma mão de obra pronta para ser contratada e pronta para ser exonerada, conforme as necessidades do instante. Certamente, uma política bem útil para a maximização do lucro. As condições de emprego são negociadas uma a uma, e não sob a pressão de uma convenção coletiva; essa política reduz as ameaças de sindicalização e de cláusulas de segurança do emprego; ela permite a demissão rápida e massiva dos empregados em caso de diminuição da procura e a readmissão no momento da retomada dos negócios. Naturalmente, nem todos adotam esses procedimentos. No entanto, muitos o fazem.

---

10. Michel Rocard, *Le Monde*, 9 jan. 2007.

Tratar-se-ia de uma gestão de competências ou, melhor ainda, da marca de gestores modernos.

Acrescentemos a tudo isso os "jeitinhos" justificados pela finalidade da maximização do lucro. Felizmente, nem todos recorrem a isso. Mas, sabemos agora, muitos sucumbiram e sucumbem ainda provavelmente à tentação de utilizar esses pequenos "jeitinhos", como o trabalho "não declarado" ou as vendas ou o trabalho pago à vista para evitar as taxas e a obrigação de acrescentá-las nos salários declarados. Trata-se de um costume generalizado cujos atores são o vendedor e o comprador. Pensemos também nas trapaças sobre o produto. Tomemos o exemplo daquele proprietário de bar que oferece, no *happy hour*, não o tradicional "dois por um", mas o "quatro por um" pelo mesmo preço... Depois de um cuidadoso exame, um cliente constata que a quantidade de álcool do "quatro por um" é a mesma que a do "dois por um"! Recipientes menores, e menos álcool em cada um dos copos!

Uma solução: moralizar a economia. Reconstruir a ética do bem-estar comum. Grande desafio, vocês me dirão. E eu concordo. Diferentes pistas podem ser exploradas: reconstruir a ética da solidariedade mediante a educação civil, revitalizar a democracia pelo aprimoramento das competências cívicas e pela participação de organizações sob controle democrático. Agir diariamente de acordo com esses valores. Minha carreira no mundo das empresas sob controle democrático ajudou-me a compreender a força educativa dessa forma de empresa. Sou testemunha dessa capacidade de reconstruir a ética pela militância nas organizações detentoras dos valores da democracia, desde que se trate de uma democracia na qual os cidadãos possam realmente influir nas decisões que dizem respeito às suas vidas.

Reconstruir a ética da solidariedade

Em suma, é preciso restabelecer o *Um por todos, todos por um,* como proposto pelo cooperativismo. É comum ouvir cidadãos que deploram o desaparecimento de guias morais e o depauperamento generalizado da ética, particularmente aqueles e aquelas que conheceram outros tempos. Queiramos ou não, o "viver melhor juntos" ou a cidadania exige certa transcendência da moral e certa ética. Sem moral, a vida em sociedade perde seu sentido e torna-se, sobretudo, uma convivência de indivíduos que lutam por suas próprias vidas. O que existe são lutas individuais ou então solidariedades setoriais motivadas por interesses de grupos.

Isso não significa que a sociedade se tenha tornado amoral. Apesar de tudo, a ética progride em certos aspectos: hoje em dia estamos confrontados com novas questões, difíceis, complexas, diante da evolução das ciências, da deterioração do meio ambiente, da repartição da riqueza, da identidade, da imigração e da integração das comunidades culturais... Progredimos em várias questões, como a violência contra as mulheres e as crianças, a proteção dos trabalhadores contra os abusos de alguns empregadores ou ainda a proteção do meio ambiente. Mas falta que as estatísticas confirmem o objetivo que persegue a consciência social, ou seja, aquele que garanta que "todos os seus membros possam tanto coletivamente quanto individualmente viver uma vida plena"[11].

Mais próximo de nós, em Quebec, afastamo-nos vivamente dos objetivos da Revolução tranquila dos anos 1960, embora sonhássemos com uma sociedade feita para todos e onde cada um desempenharia um papel. Todos estavam convidados a participar como atores desse grande projeto, o da universalidade da assistência médica de qualidade, de educação para todos, da segurança financeira na aposentadoria, do emprego integral, ou seja, de uma sociedade justa e equitativa. Um projeto atraente inspirado na ética do bem-estar comum. Um projeto que atualmente vacila sob os potentes influxos das novas correntes e que levanta dúvidas entre muitos, porque dessa vez as mudanças são mais rápidas que o pensamento[12]. Essa transformação acontece sob nossos olhos sem que tenhamos tido tempo para refletir. Por exemplo, o mundo dos negócios, que tanto se beneficiou do célebre "Québec Inc." e dessa solidariedade voluntária entre pessoas de negócios para um Quebec mais próspero, os abandonou depois de certo tempo, como se tivéssemos nos tornado muito "grandes" e bastante for-

11. Propósito do grande Aristóteles.

12. Jean-Claude GUILLEBAUD, *Le goût de l'avenir*, Paris, Seuil, 2003.

tes no plano econômico para enfrentar individualmente os mais poderosos desse mundo. No entanto, o "Québec Inc.", que eu conheci bem, era portador de valores de solidariedade. Chefes de empresas dedicados ao bom andamento de sua empresa e querendo assegurar a rentabilidade e a segurança financeira se interessavam igualmente pela criação de empregos e pelo desenvolvimento da economia de Quebec. Eles queriam que essa economia se desenvolvesse harmoniosamente e que pudesse beneficiar a coletividade, num espírito não protecionista, porém "mundialista", sabendo que os empreendedores locais pendem normalmente mais para o desenvolvimento de sua comunidade. Atualmente, ter êxito individualmente, sem levar em conta o desenvolvimento de seu país, tornou-se aceitável para muitos, enquanto empresas prósperas pensam e agem de modo contrário. *You better buy American!* [Compre artigos americanos!] continua a ser um *slogan* difundido nos Estados Unidos, assim como o *Empregos por suas compras!* no solo francês, e alguns de mesmo teor difundidos em países da América do Sul.

Torna-se cada vez mais manifesto o desejo de uma reversão voltada para valores mais unificadores. Isso explica por que falamos mais em ética hoje em dia. Não porque as pessoas ficaram mais virtuosas, mas porque a ausência de ética ou uma ética estritamente individualista leva, em certos aspectos, à destruição da coesão social. Diante dessa "mudança do mundo", surge o sentimento de impotência e com ele o desestímulo. Mas, obviamente, a solução a curto prazo não está na superintendência mundial. Ela não está tampouco entre as mãos dos legisladores e dos Estados, mais preocupados com os compromissos necessários para sua reeleição. A solução está no coração dos homens e das mulheres, individualmente e localmente. Essas questões, em inúmeros lares, em cidades e vilarejos, nas associações civis diversas, estão sendo recolocadas na ordem do dia. A renovação, ao que me parece, só poderá vir do solo fértil da vontade individual.

O que explica também a razão de falarmos mais de ética junto ao mundo dos negócios. Não em todo lugar, mas em muitos lugares. Timidamente, no entanto, falamos. A espiritualidade, abafada pelo materialismo, tenta se reerguer. Como poderia ser de outra maneira, pois a necessidade que sentimos é dar sentido às nossas ações? Portanto, a espiritualidade é essencialmente a busca de um sentido para a vida. Ela pode representar uma adesão a uma religião e a uma perspectiva sobrenatural, como ela pode representar perspectivas estritamente humanas expressas pelo reconhecimento da beleza da vida e do ser humano. No primeiro caso, a espiritualidade se inspira na crença na presença de um Ser supremo, superior ao ser humano, fonte de vida na Terra e na Eternidade. No segundo caso, a espiritualidade se inspira no respeito ao ser humano e no desejo de ser, cada um dos indivíduos, um bom elo da continuidade da vida humana. Essa visão espiritual da vida, de uma maneira ou de outra, é fonte de moral e de ética, pois conduz a uma vida em conformidade com as crenças fundamentais. O cristianismo, que na época de suas origens "abalou" o mundo, comunica uma espiritualidade divina e humana — pois sua mensagem é ao mesmo tempo a do amor a Deus e a do amor ao próximo. Para aqueles que negam a existência de Deus e essa esperança na eternidade, no plano estritamente humano permanece a figura de Jesus, como homem, um líder extraordinário que revolucionou o mundo e inspirou, por mais de 2000 anos, uma grande parte da humanidade.

Depois de ter aprendido a separar tudo e a simplificar tudo, devemos reaprender a religar os fios que constituem a trama de nossa vida, e assim enfrentar nossa própria complexidade. Como é o cruzamento dos fios que faz o tecido, devemos reaprender a tecer, um a um, os elos na base do tecido humano de nossa sociedade e do mundo, do qual somos os cidadãos interdependentes: elos entre o político, o econômico e o social; elos entre os setores público e privado; elos entre as disciplinas, entre as ciências humanas e as ciências exatas e contábeis especialmente; e finalmente elos entre estabelecimentos de ensino, organizações e empresas. Resumindo, considerar o ser humano como um ser global — não a serviço da economia ou da política, mas a serviço de um "viver melhor juntos". Isso leva, para quem desejar, a uma nova oração matinal: *O que farei hoje irá contribuir para criar um mundo melhor?* E à noite: *O que fiz hoje contribuiu para criar um mundo melhor?*

A educação cidadã

Como reconstruir a ética do bem-estar comum? Entre outros meios, pela educação permanente dos cidadãos. A educação nas famílias, nas escolas, nas universidades. É inconcebível que a educação para a cidadania não seja uma prioridade nas nossas escolas. Na verdade, é bem surpreendente a pouca importância dada à educação para a cidadania, já que o ser humano, embora aprecie às vezes a solidão, é essencialmente um ser social, um ser que se desenvolve e progride graças às suas relações com os outros. A cidadania é a filha da democracia, ela possui valores de igualdade e de solidariedade. É impossível haver democracia e cidadania sem educação. A educação para a cidadania é o oxigênio da democracia. A democracia não pode realmente viver seu pleno potencial sem a presença e a participação de cidadãos democratas.

A ética da cidadania responde a essa pergunta: *Como desejamos e podemos viver juntos?* Ninguém nasce sendo bom cidadão, ou ainda bom democrata. É por meio da educação que atingimos esse estágio. *Educare,* como se diz em latim — *ducare* significa "conduzir", e o prefixo "e" significa "por fora" ou ainda "a mais", "expandindo". A educação delineia, no espírito e na vontade das pessoas, os reflexos e comportamentos do ser humano enquanto ser social, vivendo necessariamente não somente com os outros, mas pelos outros, aprimorando-se e mesmo suplantando-se. Essa é a diferença entre educação e ensino.

O ser humano, esse ser híbrido, como dizíamos acima, aprende a controlar seus impulsos e suas emoções por meio da educação. Graças ao ensino, ele aprende sobretudo a ler, escrever, calcular. Ele herda assim conhecimentos adquiridos pelas gerações precedentes e úteis para o exercício de uma vocação, de uma profissão, de um ofício. Em outras palavras, a educação se preocupa com *cabeças bem feitas*, enquanto o ensino se preocupa com *cabeças bem repletas*.

Referindo-se à insistência dos heróis da Revolução Francesa sobre uma educação cidadã generalizada, Gabriel Compayré escreveu:

> Os homens de 1789 e seus sucessores teriam dado grande prova de estupidez se não tivessem colocado a educação pública na vanguarda

> de suas preocupações. Eles fundaram uma ordem nova das coisas; para mantê-la, para garantir-lhe a força e a duração, organizaram uma educação nova. Um regime político é estável apenas quando está em conformidade com os costumes e hábitos gerais do país. No entanto, os costumes não são improvisados: leis, decretos não bastam para criá-los. Para colocar as consciências de acordo com as instituições, é preciso a ação prolongada de uma educação apropriada a essas instituições[13].

Da mesma maneira, hoje em dia seria falta de inteligência não colocar a educação para a cidadania à frente das preocupações, pois na verdade não dá para improvisar os costumes. Para colocar as pessoas de acordo com o projeto a ser executado — o da reconstrução da ética do bem-estar comum —, é preciso uma ação prolongada de uma educação apropriada.

Revitalizar a democracia

A fim de reconstruir a ética do bem comum, é importante também revitalizar a democracia. A participação cívica nos organismos e empresas sob controle democrático contribuirá para a educação para uma democracia direta, em certos aspectos, e para uma democracia mais participativa. Como declararam dois escritores:

> É preciso o engajamento de todos para a reinvenção da democracia. Por reinvenção da democracia entendemos a reinvenção de uma sociedade em que o mundo de produção econômico, as estruturas de governança política, a disseminação das inovações científicas, a organização da mídia, as relações sociais e as relações entre a sociedade e a natureza fiquem sujeitos a um processo democrático radical, participativo e vivo[14].

---

13. Gabriel Compayré, *Histoire critique des doctrines de l'éducation en France depuis le XVIe siècle*, 4. ed., Paris, Hachette, 1883, t. I.

14. William Fisher, Thomas Ponniah, *Un autre monde est possible*, Paris, Paragon, 2003, p. 21.

De fato, para que serve uma ética do bem comum se os três pilares da sociedade — a sociedade civil, o mercado e o Estado — não conseguem garantir a proteção das leis fundamentais? O que se milita, de um lado, é a favor da adoção de uma Constituição pelo povo, esse documento fundador aprovado pela maioria dos cidadãos, e, por outro lado, de uma coerência entre a democracia nas questões do Estado, mas também nas empresas e nos organismos da sociedade civil. Repito: o setor econômico já conta com inúmeras empresas sob controle democrático, ou seja, todo o movimento da economia social e das cooperativas ou das sociedades mútuas. A sociedade civil já conta com organizações de trabalhadores sob controle democrático (os sindicatos e suas federações centrais, e a maioria das organizações sem fins lucrativos). No Canadá e em Quebec, no que se refere ao Estado, a democracia é simplesmente representativa. O cidadão tem apenas um direito constitucional, o de votar para a eleição de um deputado, através do qual ele não tem certeza se escolhe um representante de sua circunscrição (cujo poder no patamar do governo fica sobretudo restrito à linha do partido, dominado pelo chefe) ou se escolhe um partido político cujo chefe, caso obtenha a maioria das cadeiras e não necessariamente a maioria dos votos, se tornará o primeiro-ministro. Esse papel restrito do cidadão explica, parcialmente, a diminuição da participação eleitoral. Vários grupos, há alguns anos, exigem uma nova democracia, real, participativa. Em 2003 foi realizada em Quebec uma assembleia sobre a reforma das instituições democráticas que teve a participação de cerca de mil pessoas. Mais de 80% delas votaram a favor de uma reforma do modo de escrutínio, assim como da adoção de uma Constituição quebequense[15]. Todos os partidos políticos de Quebec inseriram em seus programas eleitorais a promessa de uma reforma das instituições democráticas, especialmente a revisão da lei eleitoral. No entanto, desde então nada foi feito; devido à resistência das bancadas dos diferentes partidos políticos, os eleitos preferem

15. A Colúmbia Britânica, uma província canadense, já tem sua Constituição. Os estados americanos também, o que não prejudica a Constituição do governo central ou federal.

a simples democracia representativa. Em outras palavras, em assembleia geral, os membros dos partidos políticos dizem "sim" ao novo modo de escrutínio. Mas seus deputados dizem "não"!

Obviamente, essa revitalização da democracia exige também um aprimoramento das competências cívicas. Um interessante estudo do politicólogo sueco Henry Milner demonstra essa importância não somente para o bom funcionamento da democracia, mas também para o bem comum a longo prazo e a social-democracia. Ele cita o exemplo da Suécia e dos países escandinavos, onde as competências cívicas são as mais insignes. Esse estudo permitiu concluir que quanto mais fortes são as competências cívicas mais os cidadãos participam da vida política; e quanto mais receptivo o Estado se mostrar às necessidades dos cidadãos mais ele adotará políticas que levem em consideração os interesses de toda a população.

Segunda a pesquisa do professor Milner, os quebequenses são orgulhosos de seu profundo apego aos valores de solidariedade social e de equidade econômica, mas a exiguidade de seus conhecimentos cívicos leva a crer que esse orgulho se apoia apenas em um pensamento mágico. Se esse é o caso, é urgente agir em termos de educação para fortalecer as bases[16]. Em um estudo comparativo das competências cívicas dos cidadãos de diferentes Estados, o professor Milner concluiu que, infelizmente, Quebec, nesse aspecto, não tem um papel importante. Apesar do reconhecimento dos méritos da democracia, um grande número de quebequenses, indiferentes ou muito ocupados com sua sobrevivência, deixam o projeto de sociedade transformar-se em simulacro de democracia. Eles acabariam por aceitar a condição de simples eleitores e a democracia não passaria de um simples mecanismo de eleição dos deputados.

Aliás, essa aparente confusão na definição da democracia se reflete nas diferentes definições dadas pelos dicionários. Para o *Multidictionnaire*, publicado em Quebec, a democracia é um Estado onde os cidadãos ele-

---

16. Henry MILNER, *La compétence civique*. Comment les citoyens informés contribuent au bon fonctionnement de la démocratie, Québec, Les Presses de l'Université Laval, 2004, p. 324.

gem os representantes para exercer o poder. No *Petit Robert*, a democracia é uma doutrina segundo a qual a soberania deve pertencer a todos os cidadãos, ou ainda uma organização política (muitas vezes a república) na qual os cidadãos exercem essa soberania. Finalmente, para o *Larousse*, a doutrina democrática é um regime político no qual o povo exerce ele próprio sua soberania, sem a intermediação de um órgão representativo (democracia direta) ou por representantes mediadores (democracia representativa).

É evidente a necessidade da educação para a democracia e ela exige o aprimoramento das competências cívicas dos cidadãos e cidadãs.

Participar das organizações garantindo o bem-estar comum

Há também a educação pela ação. A modernidade transformou o ser humano em um superconsumidor e em beneficiário de alguns serviços do Estado. Ele perdeu sua condição de cidadão, pois perdeu poderes na participação das decisões que lhe dizem respeito. Ele consegue retomar parcialmente sua cidadania ao participar das atividades cujo fim é a melhoria das condições de vida comunitárias. Desse modo, ele contribui para a vida social e econômica de seu meio, e às vezes para a vida política. Por exemplo, o cidadão pode contribuir para o desenvolvimento econômico de seu meio pela prática da compra local. Essa compra responsável parece mais coerente do que a compra "cega", sem outra preocupação a não ser o preço melhor, sem levar em conta os estragos sobre o meio ambiente, sobre o desenvolvimento ou a manutenção dos empregos locais, sobre a luta contra o desemprego ou sobre o incentivo ao empresariado local. Bastava pensar nisso, mas percebemos agora que os produtos oferecidos localmente viajaram menos tempo que os produtos vindos de longe e exigiram um gasto de energia menor do que o necessário aos produtos importados.

Aliás, em muitos lugares do mundo assiste-se ao renascimento de mercados públicos através dos quais os alimentos biológicos estão mudando a fisionomia da agricultura. Em Quebec, sinal dos tempos, há uma proliferação das "fazendinhas"[17]. Nos Estados Unidos, país sabidamente liberal, as vendas de produtos biológicos aumentam vertiginosamente, 10% ao ano[18]. Quanto aos gêneros alimentícios que não podem ser cultivados ou produzidos localmente em um clima nórdico, como café e cacau, laranja, banana e tantos outros, existem para eles um caminho alternativo de comércio, ou seja, o comércio equitativo, sistema agora organizado para que os produtores e artesãos não sejam mais explorados pelos grandes comércios internacionais e possam trabalhar em condições seguras e aceitáveis. Os produtos equitativos são certificados pelas organizações sem fins lucrativos, filiadas a uma organização internacional[19]. Segundo os autores da associação sobre as alternativas para a globalização econômica[20], o comércio equitativo, sozinho, garante o ganha-pão de 350 mil pequenos cafeicultores de 22 países, reunidos em mais de trezentas cooperativas.

Quanto aos produtores de cacau equitativo, são mais de 40 mil trabalhando em oito cooperativas instaladas em vários países. O faturamento anual das organizações de comércio equitativo da Europa e da América do Norte totaliza cerca de 400 milhões de dólares. O movimento é ainda recente, mas seu crescimento é bem estimulante. Por quê? Porque os consumidores educados para o respeito à cidadania orientam seus gestos diários para um bem-estar comum. Percebemos aí, especialmente entre os jovens, o desenvolvimento de uma ética de preocupação com o outro.

O cidadão pode igualmente participar do desenvolvimento social de sua comunidade. Nessa área, as experiências são numerosas[21]. Como se

---

17. Pequenas fazendas beneficiárias de seus proprietários e também das pessoas da localidade. A pequena municipalidade de Saint-Camille é a responsável pelo início do desenvolvimento dessas fazendinhas.

18. John CAVANAGH, Jerry MANDER (dir.), *Alternatives à la globalisation économique*.

19. Fairtrade Labelling Organizations International (FLO International).

20. John CAVANAGH, Jerry MANDER (dir.), *Alternatives à la globalisation économique*, Pref. Jacques B. Gélinas.

21. A aliança de pesquisa universidade-comunidade da Universidade de Quebec em Outaouais preparou a esse respeito fichas descritivas de várias experiências quebequenses de participação cidadã muito interessantes.

sabe, a lista das organizações caritativas é impressionante. Eu tive a oportunidade de presidir, em Quebec, a Semana do Voluntariado, durante a qual percorri o Quebec para tomar conhecimento de numerosas iniciativas essencialmente apoiadas no voluntariado. Cheguei à conclusão de que não seria tão agradável viver em Quebec se não existisse o voluntariado. Na verdade, estou convencido de que o Quebec não teria meios para pagar, nem que fosse um salário mínimo, todos os voluntários de centros hospitalares, educandários, parques e anfiteatros, asilos para pessoas idosas e todos os diversos organismos caritativos e outros. Outras tantas formas de ação inspiradas na ética do bem-estar comum.

O cidadão pode igualmente dar sua contribuição no plano político. Refiro-me aos partidos políticos, tanto federais quanto estaduais, bem como aos diferentes conselhos ou programas organizados para criar oportunidades para os cidadãos de participar da vida comunitária. Refiro-me aos conselhos de bairro de Quebec, que visam a incentivar a participação cívica em questões relacionadas especialmente com a organização do território, com a vida comunitária e com a segurança pública. No dia 31 de dezembro de 2006, a cidade de Quebec possuía 25 conselhos de bairro. Refiro-me à experiência do orçamento participativo do Plateau Mont-Royal, graças à qual os cidadãos podem se pronunciar sobre os investimentos julgados necessários em seu bairro. Em Saint-Félicien foi implantada uma Agenda 21, ou seja, um programa de ação no qual uma comunidade apresenta seus objetivos de desenvolvimento sustentável e o modo de alcançá-los. Refiro-me ao programa "Vivre ma citoyenneté de Gatineau" (Viver minha cidadania de Gatineau), bem como à Operação Popular de Organização de Pointe-Saint-Charles. Refiro-me aos movimentos que preconizam uma maior apropriação de seu território mediante a descentralização dos poderes entre o governo central e as regiões (Coalizão em prol das Regiões de Quebec), bem como a todos os movimentos em proveito de uma democracia mais dinâmica[22]. Sem esquecer os movimentos plenamente cívicos, visando se apropriar de seu território, tornando-o mais agradável a viver.

22. O Movimento Democracia e Cidadania do Quebec, o Movimento Nova Democracia, a Associação Feminismo e Democracia, o Observatório da democracia etc.

Participar das empresas sob controle democrático

A participação nas organizações sob controle democrático é também um dos meios eficazes para viver a ética do bem-estar comum. Essas organizações são numerosas e ocupam um lugar importante, não somente em Quebec, mas no mundo inteiro. No entanto, elas sofrem de certo desconhecimento e de uma duvidosa reputação, sustentada categoricamente pelos promotores da economia tradicional, que querem mostrar que as cooperativas são necessariamente "pobres, pequenas, doentes... e geralmente subvencionadas". No entanto, a realidade é bem diferente. Se olhássemos de mais perto, perceberíamos logo que as empresas tradicionais recebem mais ajuda governamental do que a economia social, isto é, as cooperativas, as associações mútuas e as organizações sem fins lucrativos.

A realidade é que em Quebec as cooperativas ocupam um lugar importante. De acordo com o Conselho Quebequense da Cooperação e da Mutualidade, Quebec possui, além do grande Movimento Desjardins, uma rede de cooperativas de serviços financeiros e mais de 2.500 cooperativas não financeiras, o que demonstra uma presença cooperativa muito forte. Acontece o mesmo com outros continentes. Estima-se o número de membros das cooperativas no mundo em 3 bilhões, distribuídos em aproximadamente 750 mil cooperativas, criadoras de 100 milhões de empregos, ou seja, 20% a mais do que a totalidade das multinacionais. Em Quebec, o Movimento Desjardins, com seus 140 bilhões de dólares de ativos, está classificado entre as grandes instituições bancárias do mundo. Ela é a maior cooperativa financeira na América. No setor agrícola, a cooperativa associada reúne mais de uma centena de cooperativas representando 51 mil membros. Seu faturamento ultrapassa os 5 bilhões de dólares e ela conta com mais de 15 mil empregados. Além disso, no mesmo setor, a Agropur, fundada há mais de 50 anos, é o segundo transformador de produtos leiteiros no Canadá e possui mais de 4 mil produtores leiteiros, 3.900 empregados e um faturamento de mais de 2 bilhões de dólares. Na Espanha, em Mondragon, uma cooperativa de trabalhadores bascos fundada em 1956 como oficina de fabricação industrial é atualmente um conglomerado de 70 mil empregados com rendimentos anuais que ultrapassam os 15 bilhões de dólares. Ela possui mais de 210 empresas, espalhadas em 14 países. Na Grã-Bretanha, uma grande cooperativa de consumidores reúne 75 mil empregados, 3 mil sucursais e um faturamento de 15 bilhões de dólares. A mais importante cooperativa da Europa encontra-se na Finlândia. Ela é a décima empresa florestal do mundo. E a mais importante exportadora de laticínios no mundo é uma cooperativa da Nova Zelândia, um país de 3 milhões de habitantes. É a Cooperativa Fonterra, que reúne 12 mil produtores de leite daquele país. Seus produtos são distribuídos pelo mundo todo. Sem esquecer as grandes cooperativas de saúde que se situam no Brasil e no Japão. No Canadá, em Saskatchewan, a Federated Cooperatives Limited reúne cerca de trezentas cooperativas de varejo bastante diversificadas e seu faturamento é de 5 bilhões de dólares. Sem esquecer a Mountain Equipment, uma cooperativa de consumidores que tem 2 milhões de membros e sucursais no mundo todo, inclusive em Quebec. E a lista poderia se estender. Mas parece que esses sucessos sustentáveis não conseguem convencer os céticos, que afirmam que o grande tamanho dessas empresas já seria uma prova de que elas não são mais... cooperativas! No entanto, a realidade é outra, elas são cooperativas adaptadas à modernidade.

Quantas vezes tive que responder a essa pergunta: *O Movimento Desjardins ainda é uma cooperativa?* Sim, o Movimento Desjardins ainda é uma cooperativa, moderna, adaptada às necessidades de seus membros, em um mundo globalizado. O que é comprovado pelas características exclusivas das cooperativas, que chamei de os quatro "P": a propriedade, a participação, a partilha e o patrimônio. Esses elementos as distinguem dos bancos tradicionais.

A propriedade. De fato, em uma cooperativa, os usuários (membros ou clientes) todos são proprietários, detentores de uma parcela social, reembolsável, enquanto no banco os proprietários são os acionistas (os investidores, possuidores de ações da empresa) e não os clientes. Em uma cooperativa é preciso ser membro para tornar-se cliente. Nos bancos pode-se adquirir ações da empresa sem ser necessariamente um cliente. Resumindo, a cooperativa é uma associação de pessoas, enquanto o banco é uma associação de capitais.

A participação. Em uma cooperativa todos os membros participam das assembleias ordinárias ou extraordinárias da organização. Todos os membros podem ser eleitos para as funções de sua caixa. No banco o cliente não pode participar das assembleias dos acionistas. Ele não pode ser eleito para o cargo de administrador da empresa. Nas cooperativas são os membros (clientes) que elegem seus administradores, em assembleia geral. Nos bancos são os investidores que elegem os membros do conselho de administração, aconselhados pelos grandes gestores.

A partilha. Na cooperativa os excedentes (os lucros) são distribuídos no final de cada ano fiscal, de acordo com a decisão da assembleia geral dos membros. Segundo a lei, os excedentes podem ser depositados nas reservas gerais, que não são divididas entres os membros, ou depositados sob forma de estorno (dividendos) aos membros em proporção de suas poupanças ou seu crédito. Nada impede evidentemente de depositar uma porcentagem dos excedentes na reserva e dividir o saldo entre os membros, sob a forma de dividendos.

O patrimônio. A meu ver, a característica mais importante. Uma cooperativa é inalienável, isto é, ela não pode ser vendida ou participar de uma oferta pública de compra das ações da empresa. É impossível, porque a cooperativa não possui ações na Bolsa. Uma cooperativa pode ser liquidada, dependendo da decisão dos membros, mas não pode ser vendida de comum acordo. Portanto, as cooperativas fazem parte do patrimônio nacional. Elas constituem o "rigor" na economia de Quebec. Os bancos, evidentemente, devido a seu caráter capitalista, estão sujeitos às OPA (ofertas públicas de aquisição) e podem ser vendidos.

Era assim no início do Movimento — e esses quatro "P" continuam sempre presentes. As características cooperativistas não mudaram. Desjardins continua a ser uma rede de cooperativas de serviços financeiros, inalienável, propriedade coletiva de membros aptos a participar das assembleias gerais e elegíveis nos cargos de administradores, cujos benefícios são estornados anualmente na reserva geral ou aos membros em proporção às suas atividades na poupança e no crédito.

Aparentemente, vão me dizer, as caixas são "como os bancos". Sim, claro, porque a maioria dos membros quer que seja desse jeito. Eles querem que as caixas ofereçam, no mínimo, os produtos oferecidos pelos bancos. Eles querem rendimentos, se não melhores, pelo menos comparáveis aos dos bancos. De fato, para crescer, as caixas admitiram o princípio da *porta aberta*, isto é, a admissão de qualquer pessoa como membro da caixa, não somente os promotores dos valores da cooperação ou da social-democracia. Portanto, os membros das caixas refletem a sociedade, dividida entre neoliberais (que se inscrevem nas caixas como clientes em vez de como membros) e social-democratas (que querem contribuir para a manutenção e para o progresso do sistema cooperativo e seus valores). Os primeiros são garantidos pelas performances comparáveis às dos melhores banqueiros; os outros, inspirados na ética do bem-estar comum, se satisfariam com excedentes menos elevados em troca de uma melhor distribuição da riqueza e de uma maior igualdade entre todos. Os dirigentes do Movimento, embora mantendo intactas as características essenciais e fundamentais de uma cooperativa, devem se comprometer com a satisfação de todos os seus membros.

Sim, Desjardins é uma grande rede de cooperativas. Ele é assim reconhecido em escala internacional. Mas é assim mesmo: ninguém é profeta em seu país... O importante é que Desjardins conserva seu caráter cooperativo. O recente desastre financeiro, resultado dos excessos de uma ética do mercado e do lucro, sugere o retorno do pêndulo para valores mais razoáveis e mais humanos. Em seu *Dicionário do século XXI*, Jacques Attali prevê que "se anuncia para o século vindouro a vitória da democracia, sua extensão indefinida em todas as áreas de onde ainda se encontra excluída...". Ele acrescenta: "Ela será reforçada com o aparecimento de novas forças de participação de cidadãos, especialmente a proliferação de associações manifestando novas exigências"[23].

---

23. Jacques ATTALI, Démocratie, in *Dictionnaire du XXIe siècle*, Paris, Fayard, 1998 [ed. br.: *Dicionário do século XXI*, Rio de Janeiro, Record, 2001].

Nesse sentido, é importante que as empresas de economia social, grandes ou pequenas, progridam. Globalmente, essas empresas possibilitam a resposta a um desejo de participação cidadã. Sem ser refratárias às leis do mercado, elas favorecem o mercado local. A empresa participa, na maior parte do tempo, da vida comunitária, na qual tem um papel relevante. O cooperativismo, por exemplo, não é simplesmente uma forma de empresa ou um modelo de organização entre outros. Ele é essencialmente um projeto de sociedade, assim como a democracia. A democracia em sua abrangência não é apenas um mecanismo que serve para eleger os dirigentes do Estado: ela é detentora de um conjunto de valores que nutre as sociedades justas, igualitárias e equitativas. Nesse sentido, o cooperativismo e a democracia convidam ao "alargamento dos espíritos" para que as organizações política, econômica, social sejam influenciadas por valores essenciais. Em caso contrário, se os diferentes pilares da sociedade, que são o político, o econômico e o social, estiverem imbuídos de valores próprios a cada uma de suas atividades, o risco de uma constante incoerência é grande. De fato, como esperar coerência se os valores individuais devem constantemente se adaptar às diferentes situações da vida diária? Como, na qualidade de ser global, ser guiado por valores ou éticas diferentes segundo a ocupação do dia? A ética humana deve ser guiada pelo desejo do bem comum — e não por uma série de éticas setoriais.

Como afirmamos no primeiro capítulo, não há a pretensão de que esses valores sejam onipresentes e constantemente respeitados em todas as cooperativas e mutualidades do mundo. As cooperativas, como os seres humanos que as criam, não possuem todas as virtudes. Mas, graças ao poder das assembleias gerais — quando a participação está estabelecida —, é melhor garantir que a cooperativa seja à imagem dos membros e não apenas à imagem de seus dirigentes. Como dizíamos, as cooperativas nem sempre resistem aos ventos contrários do mundo contemporâneo que considera o individualismo e a cobiça como motores da economia. Os membros das cooperativas ficam às vezes tentados com as ofertas das empresas do sistema dominante, que apela não somente à razão dos indivíduos, mas aos seus impulsos. Nesse contexto, as cooperativas não podem difundir plenamente sua mensagem educativa e inovadora.

Agir no cotidiano

Finalmente, o importante é viver uma ética do bem-estar comum no cotidiano, em coerência com a meta almejada. Primeiramente em casa, na comunidade. Na verdade, como viver uma ética no grande mundo globalizado se não conseguirmos, como seres humanos, criar famílias, povoados, cidades, países influenciados por ela? Antes de pensar na base de uma solidariedade mundial, o primeiro desafio não é iniciar projetos de sociedade locais e regionais? Do mesmo modo que é impossível haver democracia sem democratas ou cooperativas sem cooperadores, é impossível criar melhor sem a vontade cidadã de suceder coletivamente a esse nobre projeto do "viver melhor juntos", começando em casa, com os seus. Certos desafios parecem-me motivadores a esse respeito: a proteção do planeta, a luta contra o axioma que afirma que o fim justifica os meios e a recusa de infantilização do ser humano pelo apelo a seus impulsos no lugar de sua razão.

De fato, é importante reagir prioritariamente à exploração abusiva dos recursos do planeta. Nessa área, já foi criado um contrapoder eficaz e internacionalizado. Todavia, leiamos Corinne Gendron, uma autoridade nessa área:

> O público em geral está cada vez mais conscientizado da questão ambiental, e raros são aqueles que pensam que a proteção do meio ambiente é apenas uma moda passageira. Há alguns anos, as mobilizações populares proliferam, enquanto se sucedem acordos internacionais sobretudo sobre a camada de ozônio, sobre a desertificação, sobre a biodiversidade e os gases de efeito estufa. Nem por isso a degradação do meio ambiente foi contida. No que se refere à biodiversidade, por exemplo, a porcentagem de extinção das espécies passou de 3 para 1000 espécies por ano. O Worldwatch Institute estima que 11% dos pássaros estão ameaçados de extinção. Essa porcentagem passa para 15 no caso dos mamíferos e para 34 no caso dos peixes[24].

24. Corinne GENDRON, Jean-Guy VAILLANCOURT (dir.), *Développement durable et participation publique*, p. 67.

As empresas são as primeiras no banco dos réus. Após uma longa fase de denegação, o discurso delas mudou radicalmente e as iniciativas industriais a favor do meio ambiente se multiplicaram. Há pelo menos 20 mil empresas certificadas ISO 14001, o que significa que elas se ajustam às exigências de um desenvolvimento mais sustentável no plano ambiental. Muitas aderiram a esse projeto. No entanto, nem todas. O simples cidadão igualmente faz sua parte reciclando e consumindo de maneira mais responsável. Aliás, foi graças à ação coletiva que o cigarro foi proibido nos lugares públicos em Quebec. Quando o cidadão quer agir, ele pode! No entanto, nem todos os Estados têm a mesma compreensão do desafio ambiental. O Canadá, a esse respeito, não está classificado entre os países mais militantes.

É igualmente importante reagir à banalização da *exploração do homem pelo homem*. Uma banalização oriunda do crédito acordado ao objetivo da maximização do lucro, o lucro sendo o excedente do preço de custo do serviço prestado ou da mercadoria vendida, como vimos mais acima. É preciso também reagir contra a infantilização. Na epístola aos Coríntios, São Paulo dizia: "Quando eu era criança, falava como criança, pensava como criança [...] Quando me tornei homem, pus fim ao que era próprio da criança"[25].

Benjamin Barber, professor renomado de ciência política da Universidade de Maryland, nos Estados Unidos, constata a esse respeito uma grande mudança no teor do capitalismo:

> Houve um tempo em que o capitalismo era associado às virtudes que contribuíram, pelo menos marginalmente, para a democracia, para o espírito de responsabilidade e para o sentido cívico. Atualmente, ele está associado aos vícios que, se servem ao consumismo, minam secretamente essas três forças.

Os comerciantes não param de inventar novos produtos que relançarão periodicamente sob a forma de produtos pretensamente aprimorados.

---

25. I Coríntios 13,11, apud Benjamin BARBER, *Comment le capitalisme nous infantilise*, Paris, Fayard, 2007, p. 11.

No mundo atual, a economia depende do crescimento constante do consumo. Desde então, depois de terem finamente analisado a sensibilidade dos consumidores no que diz respeito à satisfação de seus cinco sentidos (visão, audição, olfato, paladar, tato), os especialistas dos lançamentos sugerem continuamente novos produtos ou novos serviços, apresentando-os como essenciais à felicidade dos consumidores. Por sua vez, os meios de comunicação, cada vez mais numerosos e performáticos, anunciarão à exaustão a boa-nova! Através dessas publicidades onipresentes, as companhias enviam mensagens subliminares para o público-alvo. Tomemos o exemplo das grandes cervejarias. Como admitem mesmo os seus representantes, elas se voltam para os jovens de 18 a 35 anos, e suas mensagens publicitárias transmitem sempre a ideia de que sem a cerveja a festa não poderá ter sucesso.

Todas essas mensagens têm um objetivo principal: o despertar dos impulsos naturais do ser humano. Raramente elas invocam a razão. Como bem escreve Barber:

> O *éthos*[26] infantilista serve diretamente, ao alimentá-la, a uma cultura de consumo impulsiva, indispensável à venda de produtos pueris em um mundo desenvolvido que possui raras verdadeiras necessidades[27].

Uma boa educação cidadã, que sensibilize os objetivos reais dos diferentes atores econômicos da economia, permite resistir melhor às publicidades que criam uma confusão entre o útil e o fútil, entre o prazer e a felicidade. Os dicionários, aliás, assinalam a diferença, precisando que o prazer é uma sensação agradável resultante da satisfação de uma necessidade ou de um desejo, enquanto a felicidade é o estado moral da pessoa feliz, um estado de plenitude.

---

26. *Éthos*: características comuns de um grupo de indivíduos pertencentes a uma mesma sociedade.

27. Ibid., p. 113.

conclusão

Onde está a esperança?

A única maneira de prever o futuro é criá-lo.

Peter Drucker

Vários observadores de alto nível, portanto conscientes da extensão dos desafios, exprimem sua esperança em um mundo melhor. Durante as últimas décadas, a maioria das sociedades liberais e democráticas se afastaram de sua razão de ser, a de criar um mundo mais justo e garantir a igualdade dos direitos, e isso devido à grande liberdade dada ao poder econômico. Se o capitalismo se orgulha de ter contribuído fortemente para a criação da riqueza, para sua concentração e a incapacidade de reparti-la, ele não conseguiu "conservar os direitos naturais e imprescritíveis do homem, isto é, os direitos à liberdade, à propriedade, à segurança e à resistência à opressão"[1]. Além disso, há algumas décadas, o capitalismo não conseguiu evitar crises financeiras recorrentes, como a de 2008-2009, que de tão grave causou uma indignação geral. O que proporciona maior credibilidade e melhor escuta das propostas vindas de direções alternativas apresentadas por vários observadores da evolução do mundo. Aliás, eles são tão numerosos que suas declarações a esse respeito justificariam um livro inteiro. Citarei apenas algumas. A de Jean Ziegler, relator especial das Nações Unidas para o direito à alimentação, por exemplo:

1. Declaração dos Direitos Humanos, artigos primeiro e segundo.

> Onde está a esperança? Na nova sociedade planetária, ele diz. Ela é o lugar onde se desenvolvem os novos movimentos sociais, onde se afirmam as funções e as estruturas inéditas, onde se inventam as novas relações entre os homens e as nações, onde se pensam o mundo e a sociedade fora dos cânones imobilizados da doxa dominante ou de sua negação habitual[2].

E a declaração dos 21 autores da coletânea sobre as alternativas da globalização econômica, que citei acima:

> Essa esperança se baseia em numerosos acontecimentos promissores, do declínio da legitimidade das instituições-chave da globalização econômica à emergência de novos governos opositores dos antigos modelos, passando pelo estímulo de numerosos grupos de cidadãos e de movimentos populares. Mais fundamentalmente, a esperança se baseia no notável leque de soluções de comutação em andamento, que vão das reformas fragmentárias às transformações do escalão nacional efetuadas em países como o Brasil, passando por experiências e projetos econômicos locais de caráter visionário[3].

Há também a declaração de Hillary Clinton, que insiste na participação cívica. No Fórum Econômico de Davos, diante das elites mundiais, ela defendeu o poder da cidadania:

> No entanto, se considerássemos apenas esses dois polos, a economia de um lado e o Estado do outro, deixaríamos de lado um dos mais importantes aspectos desse período de transição, um aspecto que exige nossa total atenção, ou seja, a sociedade civil. Porque é graças à sociedade civil, e não unicamente aos mercados e ao Estado, que a vida vale a pena ser vivida. A sociedade civil é a própria substância da vida. Ela abrange realidades tão diversificadas quanto a família, a fé religiosa ou a espiritualidade que nos guiam. Ela toma a forma de

2. Jean ZIEGLER, *Les nouveaux maîtres du monde*.
3. John CAVANAGH, Jerry MANDER (dir.), *Alternatives à la globalisation économique*.

> todas essas associações de voluntários, das quais alguns de nós somos membros. Ela é a arte e a cultura que nos elevam espiritualmente[4].

Em outras palavras, a esperança está no ser humano, nos cidadãos portadores de sonhos de paz, de fraternidade, de justiça, de igualdade e de liberdade. Em suma, portadores dos valores propostos pelas cartas dos direitos e liberdades e que querem ver sua prática diária. Para esses, antes de aprender como enriquecer em detrimento dos outros, antes de aprender a ser os melhores para conseguir dominar os outros, antes de aprender a manipular as armas para se defender dos outros, o mais importante é aprender a viver juntos, entre nós e com os outros. Se assim procedermos, se conseguirmos essa solidariedade, virá facilmente a ideia de aprender como ficar rico em grupo, de aprender a ser os melhores em grupo, de aprender a viver melhor em grupo para garantir o bem-estar de todos.

Desde que ela esteja no "viver melhor juntos", a esperança está concretamente na democracia. A verdadeira. Essa pela qual a vontade do povo consegue se exprimir realmente e mostrar sua visão da vida comum entre os limites de sua pátria. Assim, os cidadãos são chamados a uma reflexão sobre seu destino e sobre sua vida com os outros e a decidir sobre seu destino em relação aos outros.

Em Quebec, sem dúvida, com base em minhas observações ao longo de minha carreira, a maioria, muitas vezes silenciosa por não poder se expressar, deseja dar coerência à afirmação da igualdade dos direitos na Carta dos direitos e liberdades. O Quebec é generoso nesse sentido e se junta aos milhares de participantes do Fórum Social Mundial. Em todo lugar o desejo de uma real democracia manifesta-se. Entre os princípios adotados por esse Fórum[5], a palavra "democracia" é o fio principal que liga os diversos grupos e movimentos mundiais, diferentes qualificações são anexadas a ela e são bem reveladoras: democracia direta, democracia viva, democracia participativa, nova democracia, democracia popular. Em seguida à palavra

---

4. Hillary CLINTON, *Civiliser la démocratie*, p. 24.

5. John CAVANAGH, Jerry MANDER (dir.), *Alternatives à la globalisation économique*, p. 127.

"democracia", a expressão "viabilidade econômica" é a que mais frequentemente ocorre, acompanhada de diferentes termos que a especificam. A maior parte dos grupos fala de "volta ao local" e de "subsidiariedade", isto é, de uma apropriação local dos poderes necessários para a organização de sua comunidade, e prontos para confiar a postos superiores os poderes que não possam ser exercidos localmente. Os cidadãos de cada país e de cada comunidade, em cumplicidade com seus eleitos, conseguiriam assim atingir um certo nível de autossuficiência no que diz respeito à satisfação das necessidades de base, ou seja, as necessidades de alimento, habitação, água, energia, educação, saúde, participação na vida política e cultura. As pessoas seriam responsáveis por seus próprios destinos num espírito de solidariedade a fim de assegurar a cada um os meios de garantir sua subsistência, sua liberdade cívica e o sentimento de seu valor e de sua identidade[6].

A esperança está igualmente na democracia geral, isto é, na democracia também introduzida nos campos econômico, social e ecológico. A globalização capitalista e a ética do mercado e do lucro são responsáveis, em grande parte, pela rápida destruição do meio ambiente, pela poluição da terra, do mar e do ar. O "efeito estufa" tem consequências preocupantes. As florestas desaparecem, a diversidade biológica está ameaçada, como vimos anteriormente. Uma civilização da solidariedade será uma civilização solidária com o planeta[7].

Todas essas transformações que possibilitam um mundo melhor são possíveis. Basta resistir à ideia de que os impulsos naturais dos seres humanos, sua cobiça e sua incapacidade de cercear suas necessidades, farão deles sempre seres egoístas, pouco preocupados com os outros e seu planeta. A resistência a esse pessimismo ou a essa covardia é possível. Como podemos ser a esse ponto fatalistas e abandonar o projeto de *humanizar o homem*, como recusar a *civilização da solidariedade*, segundo a expressão de Frei Betto, enquanto há tanto sofrimento no mundo?

---

6. Entrevista com Frei Betto, religioso brasileiro, militante em prol da justiça social, em Gianni MINÀ (dir.), *Un meilleur monde est possible*.

7. Ibid., p. 40.

Coisa certa, essa visão de um mundo melhor provoca o nascimento de um sonho. Como escreveu Friedsreich Hundertwasser, artista e escritor austríaco: "Se um homem sonha, é apenas um sonho, mas se muitos homens (e *mulheres, podemos acrescentar*) sonham juntos, é o início de uma realidade"[8].

Para concluir, cito uma mensagem de Alexis Carrell, embora date de 1935. A meu ver, sua proposta é bem atual. Os acontecimentos recentes nos levam a discernir melhor, coletivamente, as causas do mal de nossa civilização.

> Pela primeira vez na história do mundo uma civilização, tendo atingido o início de seu declínio, pode distinguir as causas de seu mal. Talvez ela possa se servir desse conhecimento e evitar, graças à maravilhosa força da ciência, o destino costumeiro a todos os outros povos do passado... Temos que nos afirmar desde agora nessa nova direção[9].

---

8. Apud ibid.
9. Alexis CARRELL, *L'homme cet inconnu*, Paris, Plon, 1935, p. 393.

Bibliografia

AKTOUF, Omar. *La stratégie de l'autruche*. Montréal, Écosociété, 2002.

ALBERT, Michel. *Capitalisme contre capitalisme*. Paris, Seuil, 1991.

ANTOINE, Agnès. *L'impensé de la démocratie*. Paris, Fayard, 2003.

ATTAC. *Le petit Alter*. Dictionnaire altermondialiste. Mille et Une Nuits, 2006.

ATTALI, Jacques. *Dictionnaire du XXIe siècle*. Paris, Fayard, 1998.

_____. *Fraternités, une nouvelle utopie*. Paris, Fayard, 1999.

BAKAN, Joel. *The Corporation.* The Pathological Pursuit of Profit and Power. Washington, Free Press, 2004.

BARBER, Benjamin. _____. *L'empire de la peur*. Paris, Fayard, 2003.

_____. *Comment le capitalisme nous infantilise*. Paris, Fayard, 2007.

BEAUD, Michel. *Le basculement du monde.* Paris, La Découverte, 2000.

BECK, Ulrick. *Pouvoir et contre-pouvoir à l'ère de la mondialisation*. Paris, Alto-Aubier, 2003.

BLACKBURN, Pierre. *L'éthique*. Montréal, ERPI, 1996.

BOUDON, Raymond. *Déclin de la morale? Déclin des valeurs?*. Paris, Nota Bene, 2002.

BOUTROS-GHALI, Boutros. *Démocratiser la mondialisation*. Paris, Rocher, 2002.

BRÉMOND, J., GÉLÉDAN, A. *Dictionnaire des sciences économiques et sociales*. Paris, Belin, 2002.

CALAME, Pierre. *L'État au cœur.* Le meccano de la gouvernance. Paris, Desclée de Brouwer, 2000.

CAVANAGH, John, MANDER, Jerry (dir.). *Alternatives à la globalisation économique*. Montréal, Écosociété, 2005.

CHOMSKY, Noam. *Le profit avant l'homme*. Paris, Fayard, 1999.

CHOSSUDOVSKI, Michel. *La mondialisation de la pauvreté*. Montréal, Écosociété, 1998.

CLINTON, Hillary. *Civiliser la démocratie*. Paris, Desclée de Brouwer, 1998.

COMPAYRÉ, Gabriel. *Histoire critique des doctrines de l'éducation en France depuis le XVIe siècle*. Paris, Hachette, 1883. 2 v.

COMTE-SPONVILLE, André. *Le capitalisme est-il moral?*. Paris, Albin Michel, 2004.

DESJARDINS, Alphonse. *Les réflexions d'Alphonse Desjardins*. Publ. Mouvement Desjardins, Québec, Dorimène, 1985.

Dictionnaire critique de la mondialisation. Paris, Le Pré aux Clercs, 2001.

FISHER, William, PONNIAH, Thomas. *Un autre monde est possible*. Paris, Paragon, 2003.

GALBRAITH, John Kenneth. *Pour une société meilleure*. Paris, Seuil, 1996.

GENDRON, Corinne, VAILLANCOURT, Jean-Guy (dir.). *Développement durable et participation publique*. Montréal, Presses de l'Université de Montréal, 2003.

GUILLEBAUD, Jean-Claude. *Le goût de l'avenir*. Paris, Seuil, 2003.

______. *La force de conviction*. Paris, Seuil, 2005.

HALIMI, Serge. *Le grand bond en arrière*. Comment l'ordre libéral s'est imposé au monde. Paris, Fayard, 2004.

HAMPDEN-TURNER, Charles, TROMPENAARS, Alfons. *The Seven Cultures of Capitalism*. New York, Doubleday, 1993.

KROPOTKINE, Pierre. *L'entraide, un facteur de l'évolution*. Montréal, Écosociété, 2001.

LANDES, David S. *Richesse et pauvreté des nations*. Paris, Albin Michel, 2000.

LANGLOIS, Richard. *Pour en finir avec l'économisme*. Montréal, Boréal, 1995.

LAVILLE, J.-L. *Une troisième voie pour le travail*. Paris, Desclée de Brouwer, 1999.

LÉGER, Jean-Marc, LÉGER, Marcel. *Le Québec en question*. Montréal, Quebecor, 1990.

MARÉCHAL, Jean-Paul. *Humaniser l'économie*. Paris, Desclée de Brouwer, 2000.

MARENGO, Michel. *Le coopératisme, un humanisme inconnu*. Québec, Ed. Michel Marengo, 2007.

MARTIN, Hans-Peter, SCHUMANN, Harald. *Le piège de la mondialisation*. Paris, Solin-Actes Sud, 1997.

MÉNARD, Camil, VILLENEUVE, Florent (dir.). *Projet de société et lectures chrétiennes*. Montréal, Fides, 1997 (espec. o texto de Michel BEAUDIN).

MILNER, Henry. La *compétence civique*. Comment les citoyens informés contribuent au bon fonctionnement de la démocratie. Québec, Les Presses de l'Université Laval, 2004.

MINÀ, Gianni (dir.). *Un meilleur monde est possible*. Paris, Danger Public, 2004.

PAUCHANT, Thierry C. *La quête du sens*, Montréal, Québec-Amérique-Presses HEC, 1996.

———. *Pour un management éthique et spirituel*. Montréal, Fides, 2000.

PETRELLA, Riccardo. *Le bien commun*. Éloge de la solidarité. Bruxelles, Labor, 2006.

PEYREFITTE, Alain. *Du miracle en économie*. Paris, Odile Jacob, 1995.

POULIN, Pierre. *Histoire du Mouvement Desjardins*. Montréal, Québec-Amérique, 1990.

QUINTIN, Garcia. *Les coopératives industrielles de Mandragon*. Paris, Les Éditions Ouvrières/Les Éditions Économie et Humanisme, 1970.

REICH, Robert B. *The Work of Nations* (preparing ourselves for 21st century Capitalism). New York, Alfred A. Knoff, 1991.

ROUILLÉ D'ORFEUIL, Henri. *Économie, le réveil des citoyens*. Paris, La Découverte, 2002.

ROUSTANG, Guy. *Démocratie: le risque du marché*. Paris, Desclée de Brouwer, 2002.

RYAN, Claude. *Mon testament spirituel*. Ottawa, Novalis, 2004.

SALIN, Pascal. *Libéralisme*. Paris, Odile Jacob, 2000.

SAUL, John. *Mort de la globalisation*. Paris, Payot, 2005.

SHOECK, Helmut. *L'envie*. Paris, Les Belles Lettres, 1980.

SORMAN, Guy. *L'économie ne ment pas*. Paris, Fayard, 2008.

STIGLITZ, Joseph E. *La grande désillusion*. Paris, Fayard, 2002.

_____. *Pour un commerce mondial plus juste*. Paris, Fayard, 2005.

TODD, Emmanuel. *L'illusion économique*. Paris, Gallimard, 1998.

TOURAINE, Alain. *Comment sortir du libéralisme*. Paris, Fayard, 1999.

TREMBLAY, Diane-Gabrielle, VAN SCHENDEL, Vincent. *Économie du Québec*. Montréal, Saint-Martin/Telé-université (TELUQ), 2004.

TREMBLAY, Rémi, BÉRARD, Diane. *Les fous du roi*. Montréal, Transcontinental, 2004.

VINDT, Gérard. *500 ans de capitalisme*. Paris, Mille et Une Nuits, 1998 (espec. La mondialisation: de Vasco da Gama à Bill Gates).

WARIDEL, Laure. *Acheter, c'est voter*. Montréal, Écosociété, 2005.

YUNUS, Muhamad. *Vers un nouveau capitalisme*. Paris, J. C. Lattès, 2006.

ZIEGLER, Jean. *Les nouveaux maîtres du monde*. Paris, Fayard, 2002.

• **CEARÁ**

Editora Vozes Ltda.
Rua Major Facundo, 730
Tel. 85 3231-9321 | **Fax** 85 3231-4238
60025-100 Fortaleza, CE
vozes.23@vozes.com.br

Livrarias Paulinas
Rua Major Facundo, 332
Tel. 85 3226-7544 / 3226-7398
Fax 85 3226-9930
60025-100 – Fortaleza, CE
livfortaleza@paulinas.com.br

• **ESPÍRITO SANTO**

Livrarias Paulinas
Rua Barão de Itapemirim, 216 – Centro
Tel. 27 3223-1318 / 0800-15-712
Fax 27 3222-3532
29010-060 – Vitória, ES
livvitoria@paulinas.com.br

• **GOIÁS**

Editora Vozes Ltda.
Rua Três, 291
Tel. 62 3225-3077 | **Fax** 62 3225-3994
74023-010 – Goiânia, GO
vozes.27@vozes.com.br

Livrarias Paulinas
Av. Goiás, 636
Tel. 62 3224-2585 / 3224-2329
Fax 62 3224-2247
74010-010 – Goiânia, GO
livgoiania@paulinas.com.br

• **MARANHÃO**

Editora Vozes Ltda.
Rua da Palma, 502 – Centro
Tel. 98 3221-0715 | **Fax** 98 3222-9013
65010-440 – São Luís, MA
livrariavozes@terra.com.br

Livrarias Paulinas
Rua de Santana, 499 – Centro
Tel. 98 3232-3068 / 3232-3072
Fax 98 3232-2692
65015-440 – São Luís, MA
fspsaoluis@paulinas.com.br

• **MATO GROSSO**

Editora Vozes Ltda.
Rua Antônio Maria Coelho, 197A
Tel. 65 3623-5307 | **Fax** 65 3623-5186
78005-970 – Cuiabá, MT
vozes.54@vozes.com.br

• **MINAS GERAIS**

Editora Vozes Ltda.
Rua Sergipe, 120 – loja 1
Tel. 31 3048-2100 | **Fax** 31 3048-2121
30130-170 – Belo Horizonte, MG
vozes.04@vozes.com.br

Rua Tupis, 114
Tel. 31 3273-2538 | **Fax** 31 3222-4482
30190-060 – Belo Horizonte, MG
vozes.32@vozes.com.br

Rua Espírito Santo, 963
Tel. 32 3215-9050 | **Fax** 32 3215-8061
36010-041 – Juiz de Fora, MG
vozes.35@vozes.com.br

Livrarias Paulinas
Av. Afonso Pena, 2142
Tel. 31 3269-3700 | **Fax** 31 3269-3730
30130-007 – Belo Horizonte, MG
livbelohorizonte@paulinas.com.br

Rua Curitiba, 870 – Centro
Tel. 31 3224-2832 | **Fax** 31 3224-2208
30170-120 – Belo Horizonte, MG
gerencialivbelohorizonte@paulinas.com.br

• **PARÁ**

Livrarias Paulinas
Rua Santo Antônio, 278 – Bairro do Comércio
Tel. 91 3241-3607 / 3241-4845
Fax 91 3224-3482
66010-090 – Belém, PA
livbelem@paulinas.com.br

• **PARANÁ**

Editora Vozes Ltda.
Rua Pamphilo de Assumpção, 554 – Centro
Tel. 41 3333-9812 | **Fax** 41 3332-5115
80220-040 – Curitiba, PR
vozes.21@vozes.com.br

Rua Emiliano Perneta, 332 – loja A
Telefax 41 3233-1392
80010-050 – Curitiba, PR
vozes.64@vozes.com.br

Livrarias Paulinas
Rua Voluntários da Pátria, 225
Tel. 41 3224-8550 | **Fax** 41 3223-1450
80020-000 – Curitiba, PR
livcuritiba@paulinas.com.br

Av. Getúlio Vargas, 276 – Centro
Tel. 44 3226-3536 | **Fax** 44 3226-4250
87013-130 – Maringá, PR
livmaringa@paulinas.com.br

• **PERNAMBUCO, PARAÍBA, ALAGOAS, RIO GRANDE DO NORTE E SERGIPE**

Editora Vozes Ltda.
Rua do Príncipe, 482
Tel. 81 3423-4100 | **Fax** 81 3423-7575
50050-410 – Recife, PE
vozes.10@vozes.com.br

Livrarias Paulinas
Rua Duque de Caxias, 597 – Centro
Tel. 83 241-5591 / 241-5636 | **Fax** 83 241-6979
58010-821 João Pessoa, PB
livjpessoa@paulinas.com.br

Rua Joaquim Távora, 71
Tel. 82 326-2575 | **Fax** 82 326-6561
57020-320 – Maceió, AL
livmaceio@paulinas.com.br

Rua João Pessoa, 224 – Centro
Tel. 84 212-2184 | **Fax** 84 212-1846
59025-200 – Natal, RN
livnatal@paulinas.com.br

Rua Frei Caneca, 59 – loja 1
Tel. 81 3224-5812 / 3224-6609
Fax 81 3224-9028 / 3224-6321
50010-120 – Recife, PE
livrecife@paulinas.com.br

• RIO DE JANEIRO

Editora Vozes Ltda.
Rua 7 de Setembro, 132 – Centro
Tel. 21 2215-0110 | **Fax** 21 2508-7644
20050-002 – Rio de Janeiro, RJ
vozes.42@vozes.com.br

Rua Frei Luis, 100 – Centro
Tel. 24 2233-9000 | **Fax** 24 2231-4676
25669-900 – Petrópolis, RJ
vendas@vozes.com.br

Livrarias Paulinas
Rua 7 de Setembro, 81-A
Tel. 21 2232-5486 | **Fax** 21 2224-1889
20050-005 – Rio de Janeiro, RJ
livjaneiro@paulinas.com.br

Rua Dagmar da Fonseca, 45 – loja A/B – Madureira
Tel. 21 3355-5189 / 3355-5931
Fax 21 3355-5929
21351-040 – Rio de Janeiro, RJ
livmadureira@paulinas.com.br

Rua Doutor Borman, 33 – Rink
Tel. 21 2622-1219 | **Fax** 21 2622-9940
24020-320 – Niterói, RJ
livniteroi@paulinas.com.br

Carga Nobre Livros Ltda.
Rua Marquês de São Vicente, 225 – Gávea
Tel. 21 2259-0195
22451-041 – Rio de Janeiro, RJ
cnlivros@terra.com.br

Livraria Paz e Bem Ltda. Me.
Av. Rio Branco, 156 – sala 509 – Centro
Tel. 21 9987-0139
20040-006 – Rio de Janeiro, RJ
livrariapazebem@globo.com

• RIO GRANDE DO SUL

Editora Vozes Ltda.
Rua Riachuelo, 1280
Tel. 51 3226-3911 | **Fax** 51 3226-3710
90010-273 – Porto Alegre, RS
vozes.05@vozes.com.br

Livrarias Paulinas
Rua dos Andradas, 1212 – Centro
Tel. 51 3221-0422 | **Fax** 51 3224-4354
90020-008 – Porto Alegre, RS
livpalegre@paulinas.com.br

• RONDÔNIA

Livrarias Paulinas
Rua Dom Pedro II, 864 – Centro
Tel. 69 3224-4522 | **Fax** 69 3224-1361
78900-010 – Porto Velho, RO
livportovelho@paulinas.com.br

• SANTA CATARINA

Editora Vozes
Rua Jerônimo Coelho, 308
Telefax 48 3222-4112
88010-030 – Florianópolis, SC
vozes.45@vozes.com.br

• SÃO PAULO

Distribuidora Loyola de Livros Ltda.
Vendas no Varejo
Rua Senador Feijó, 120
Telefax 11 3242-0449
01006-000 – São Paulo, SP
senador@livrarialoyola.com.br

Rua Barão de Itapetininga, 246
Tel. 11 3255-0662 | **Fax** 11 3231-2340
01042-001 – São Paulo, SP
loyola_barao@terra.com.br

Rua Quintino Bocaiúva, 234 – Centro
Tel. 11 3105-7198 | **Fax** 11 3242-4326
01004-010 – São Paulo, SP
atendimento@livrarialoyola.com.br

Editora Vozes Ltda.
Rua Senador Feijó, 168
Tel. 11 3105-7144 | **Fax** 11 3105-7948
01006-000 – São Paulo, SP
vozes.03@vozes.com.br

Rua Haddock Lobo, 360
Tel. 11 3256-0611 | **Fax** 11 3258-2841
01414-000 – São Paulo, SP
vozes.16@vozes.com.br

Rua dos Trilhos, 627 – Mooca
Tel. 11 2693-7944 | **Fax** 11 2693-7355
03168-010 – São Paulo, SP
vozes.37@vozes.com.br

Rua Barão de Jaguara, 1097
Tel. 19 3231-1323 | **Fax** 19 3234-9316
13015-002 – Campinas, SP
vozes.40@vozes.com.br

Livrarias Paulinas
Rua Domingos de Morais, 660 – Vila Mariana
Tel. 11 5081-9330 | **Fax** 11 5081-9366
04010-100 – São Paulo, SP
livdomingos@paulinas.com.br

Rua XV de Novembro, 71
Tel. 11 3106-4418 / 3106-0602
Fax 11 3106-3535
01013-001 – São Paulo, SP
liv15@paulinas.com.br

Av. Marechal Tito, 981 – São Miguel Paulista
Tel. 11 6297-5756 | **Fax** 11 6956-0162
08010-090 – São Paulo, SP
livsmiguel@paulinas.com.br

• PORTUGAL

Multinova União Liv. Cult.
Av. Santa Joana Princesa, 12 E
Tel. 00xx351 21 842-1820 / 848-3436
1700-357 – Lisboa, Portugal

Distribuidora de Livros Vamos Ler Ltda.
Rua 4 de infantaria, 18-18A
Tel. 00xx351 21 388-8371 / 60-6996
1350-006 – Lisboa, Portugal

Editora Vozes
Av. 5 de outubro, 23
Tel. 00xx351 21 355-1127
Fax 00xx351 21 355-1128
1050-047 – Lisboa, Portugal
vozes@mail.telepac.pt

Este livro foi composto nas famílias tipográficas
Humanist e *Helvetica Neue*
e impresso em papel *Offset 75g/m²*

FSC
www.fsc.org
MISTO
Papel produzido
a partir de
fontes responsáveis
FSC® C008008

Edições Loyola

editoração impressão acabamento

rua 1822 nº 341
04216-000 são paulo sp
T 55 11 3385 8500
F 55 11 2063 4275
www.loyola.com.br